W0243799

Knaur
MensSana

Über die Autorin:

Lilo Traun, geboren 1943, ist Mutter von vier Kindern und arbeitet als Redakteurin für die Zeitschrift *Ab 40*. Sie hat eine Reiki-Ausbildung und beschäftigt sich seit vielen Jahren mit den Themen Esoterik, Chakras und Wellness.

Lilo Traun

CHAKRA-BALANCE

Die 7 Kraftzentren harmonisieren für mehr Gesundheit und Wohlbefinden

Mit individuellem Chakra-Wellness-Programm

Knaur
MensSana

Besuchen Sie uns im Internet: www.droemer-knaur.de
Alle Titel aus dem Bereich MensSana finden Sie im Internet unter
www.knaur-mens-sana.de

Originalausgabe September 2005

Ein Unternehmen der Droemerschen Verlagsanstalt
Th. Knaur Nachf. GmbH & Co. KG, München

Umschlaggestaltung: ZERO Werbeagentur, München
Umschlagabbildung: FinePic, München
Satz: Pinkuin Satz und Datentechnik, Berlin
Druck und Bindung: Clausen & Bosse, Leck
Printed in Germany
ISBN-13: 978-3-426-87258-1
ISBN-10: 3-426-87258-7

2 4 5 3 1

Inhalt

Vorwort

Chakra-Balance zeigt Ihnen einfache Wege, die Ihnen dabei helfen, Ihre sieben Kraftzentren (Chakras) ins Gleichgewicht zu bringen und so Ihre Gesundheit zu schützen und mehr Energie und Lebensfreude zu gewinnen. Mit Hilfe eines Tests können Sie Ihren persönlichen Chakra-Typ ermitteln. Anschließend werden Sie viele einfache Möglichkeiten kennen lernen, um die Energie in den Chakras zu harmonisieren – etwa durch Aromaöle, Bachblüten, Heiltees, Farbtherapie oder Yogaübungen. Wenn Sie möchten, können Sie sich darüber hinaus Ihr individuelles Chakra-Balance-Programm zusammenstellen – Hinweise dazu finden Sie im letzten Kapitel dieses Buches.

Die sieben Chakras beeinflussen nicht nur die Funktion der Organe, den Hormonhaushalt oder andere körperliche Prozesse. Sie wirken sich auch stark auf unsere Gefühle, Stimmungen und Gedanken, sogar auf unser ganzes Lebensgefühl aus. In erster Linie nutzt Chakra-Balance bewährte Heilmittel aus dem Bereich der ganzheitlichen Therapiemethoden, um die Chakras und damit auch Körper, Seele und Geist auf sanfte Weise anzuregen und Blockaden aufzulösen.

Wenn Sie damit beginnen, Kontakt zu Ihren verborgenen Energiequellen aufzunehmen und Ihr Bewusstsein mehr und mehr darauf zu lenken, werden Sie sich selbst immer besser kennen lernen und erkennen, wie Sie Ihr Potenzial in Zukunft besser ausschöpfen können. So gesehen tut Chakra-Balance nicht nur Ihrer Gesundheit, Ihrer seelischen Verfassung oder Ihrem Aussehen gut, sondern bietet auch Möglichkeiten zur Entfaltung Ihrer Persönlichkeit.

Auf dem Weg zu vielen neuen und interessanten Erfahrungen mit dem Kostbarsten, was Sie haben, nämlich sich selbst, wünsche ich Ihnen viel Erfolg!

Lilo Traun

Einführung

Es ist noch gar nicht lange her, da war der Begriff »Chakra« für die meisten von uns ein Fremdwort, im wahrsten Sinne des Wortes ein »Buch mit sieben Siegeln«. Selbst wer sich mit alternativen Heilmethoden oder östlicher Philosophie beschäftigte, hatte doch oft kaum eine Vorstellung davon, was Chakras sind oder gar, wie man diese Kraftzentren für die eigene Entwicklung nutzen kann. Doch die Zeiten haben sich geändert: Das Thema »Chakras« wird immer aktueller. Viele Menschen, die Yoga üben, meditieren oder sich für Reiki oder fernöstliche Massagemethoden interessieren, haben bereits Erfahrungen mit ihren Energiezentren gesammelt. Auch Heilpraktiker, Lebensberater und andere Therapeuten entdecken heute immer öfter, welche Möglichkeiten in der Arbeit mit den Chakras stecken.

Dieses Buch richtet sich nicht an die Fachfrau oder den Fachmann, sondern an alle LeserInnen, die Lust haben, etwas für sich zu tun. Die Harmonisierung der Chakras führt zu vielen positiven Veränderungen. Und diese beschränken sich nicht nur darauf, dass sich unser Körper besser anfühlt, einige lästige Beschwerden verschwinden oder dass wir uns insgesamt fitter und leistungsfähiger fühlen. Es geht um viel mehr: Die Arbeit mit den Chakras ist vor allem eine Arbeit mit dem eigenen Bewusstsein – und diese wirkt sich bis in die tiefsten Schichten unserer Persönlichkeit aus.

Bevor Sie herausfinden, welchem individuellen Chakra-Typ Sie angehören, wie dieser Ihr Leben beeinflusst und welche Möglichkeiten es gibt, zu innerer und äußerer Balance zu finden, kann ein kleiner Blick auf die Ursprünge der Chakra-Philosophie sicher nicht schaden. Sollte Ihr Interesse jedoch insbesondere der Praxis gelten, können Sie die folgenden Absätze auch einfach überspringen.

Was sind die Chakras?

Der Begriff »Chakra« stammt ursprünglich aus dem Sanskrit, der altindischen Gelehrtensprache. Er wird bei uns meist mit »Kraftzentrum« oder »Energiezentrum« übersetzt. Wörtlich heißt »Chakra« aber so viel wie »Rad« oder »Wirbel«. Es ist nicht überraschend, denn eine wichtige Grundeigenschaft der Chakras ist, dass sie in ständiger Bewegung sind. Und tatsächlich beschreiben sensitive Menschen die Chakras seit je als Energiefelder, die sich wie Räder drehen bzw. wie Wirbel um sich selbst kreisen.

Ebenso wie die Meridiane – die Energie-Leitbahnen, die die Grundlage für die Akupunktur bilden – lassen sich auch die Chakras wissenschaftlich nicht erfassen. Die Lehre von den Chakras ist somit weder im Reagenzglas noch auf dem Röntgenschirm überprüfbar. Die einzige Möglichkeit, sich seiner Chakras bewusst zu werden, besteht auch heute noch darin, aufmerksam in sich hinein zu fühlen, genau zu beobachten und möglichst viele eigene Erfahrungen zu sammeln.

Ursprung in der Yogalehre

Auch wenn das Thema »Chakras« in einigen Wellness-Zeitschriften gerne mal wie ein brandneuer Trend behandelt wird, ist die Chakra-Lehre doch schon Tausende von Jahren alt. Erstmals wurde das Phänomen der inneren Energiezentren in der Yogaphilosophie erwähnt. Die Entdeckung der Chakras verdanken wir den »Rischis« – so hießen die Weisen und Seher der Vorzeit, die sehr intensiv meditierten und ihre Erfahrungen von Generation zu Generation weitergaben.

Die Erkenntnisse der Rischis bildeten die Grundlage für die Yogalehre, die rund vier- bis fünftausend Jahre alt sein soll. Erste schriftliche Zeugnisse sind jedoch wesentlich jüngeren

Datums: Die »Veden«, die ältesten heiligen Schriften Indiens, sind frühestens zwischen 1200 und 900 v. Chr. entstanden. Und erst in den »Upanishaden«, philosophisch-esoterisch orientierten Abschnitten der Veden, die vermutlich zwischen 600 und 200 vor unserer Zeitrechnung verfasst wurden, wird die Theorie von den Chakras konkreter beschrieben.
Noch heute spielen die Chakras eine besondere Bedeutung in bestimmten Schulen des bei uns so verbreiteten Hatha-Yogas – noch mehr aber im Kundalini-Yoga, der seit jeher das Ziel hat, die Energien im feinstofflichen Körper zu harmonisieren und zu lenken.

Schützen Sie Ihre Lebensenergie!

Wenn Sie beginnen, sich mit Ihren Chakras zu beschäftigen – indem Sie zum Beispiel mit bestimmten Chakra-Balance-Anwendungen experimentieren –, werden Sie viele kleine und größere Veränderungen an sich beobachten können. Was Ihnen dabei wahrscheinlich am meisten auffallen wird, ist eine Zunahme Ihrer Energie und Lebensfreude. Das ist kein Zufall, denn jede Arbeit mit den Chakras ist immer auch eine Arbeit mit der eigenen Lebensenergie.
Eine der wichtigsten Aufgaben der Chakras besteht darin, Energie aus der Umwelt aufzunehmen und diese harmonisch im Körper zu verteilen. Klassische Abbildungen zeigen die Chakras deshalb als trichterförmige Blüten, durch die die Lebensenergie an bestimmten Stellen des Körpers besonders stark aufgenommen wird. Von jedem Chakra aus verteilt sich diese Energie über eine Unzahl feinster Kanäle, die im Sanskrit »Nadis« genannt werden, im gesamten Organismus. Je nachdem, ob Sie viel oder wenig Energie aufnehmen, werden Sie sich unheimlich wohl und vital oder eher niedergedrückt und kraftlos fühlen.

Durch Chakra-Balance lernen Sie, genauer zu beobachten, wie es um Ihren Energiehaushalt bestellt ist. Jeder Mensch nimmt über Nahrung, Luft, Wasser, Sonne und andere Einflüsse oder über den Kontakt zu seinen Mitmenschen ständig Energie auf. Doch oft genügt das leider nicht, denn es gibt auch viele Faktoren, die die Energieaufnahme behindern oder die Energie in den Chakras blockieren.

»Vorsicht Chakra-Energieräuber!«

Die Lebensenergie ist das Wichtigste, was Sie haben. Je mehr Energie Sie aufnehmen und je harmonischer diese durch Ihre Chakras fließt und sich in Ihrem Organismus verteilt, desto weniger werden Sie unter gesundheitlichen oder seelischen Problemen zu leiden haben. Auch wenn Sie Ihre Energietanks durch Chakra-Balance schnell auffüllen können, sollten Sie auch im Alltag darauf achten, Ihre Energien zu sammeln. Zu den Faktoren, die am meisten Energie kosten und den Energiefluss blockieren, gehören

- Gifte in der Nahrung (z.B. durch Pestizide)
- eine einseitige, vitalstoffarme Ernährung
- Nikotin
- übermäßiger Alkoholkonsum
- Stress im Alltag
- belastete Luft (z.B. in der Großstadt)
- oberflächliche Atmung
- Bewegungsmangel
- große körperliche Anstrengungen (z.B. durch Leistungssport)
- Menschen, die uns negativ beeinflussen
- Schlafmangel oder schlechter Schlaf
- mangelnde Pflege von Körper und Seele
- Sorgen, Ängste, Eifersucht, Aggressionen, Gier
- das Nichtbeachten der eigenen Begabungen und Möglichkeiten.

Wenn Sie mit Ihren Chakras arbeiten, wächst Ihre Sensibilität, und Sie entwickeln feinere Antennen für das, was um Sie herum und mit Ihnen passiert. Die Folge ist, dass Sie mit der Zeit immer besser spüren werden, was Ihnen gut tut und was Ihnen Energie raubt. Chakra-Balance beschleunigt diesen Prozess und zeigt Ihnen darüber hinaus, wie Sie Energiedefizite ausgleichen und dadurch Ihre Gesundheit, Ihre Gemütsverfassung und Ihren Geist schützen können.

Vertrauen Sie auf Ihr Gespür

Wie wir gesehen haben, gibt es bei uns viele, teils recht unterschiedliche Übersetzungen des indischen Begriffs »Chakra«, wie etwa »Kraftzentrum«, »Wirbel«, »Energiequelle« und andere mehr. In der Yogaphilosophie wurden die Chakras mit bestimmten Farben, Elementen, Symbolen oder Urlauten (Mantras) in Verbindung gebracht. Die klassische Darstellung zeigt die Chakras als geöffnete Blüten, die je nach Lage verschiedene Farben und Blütenblätter haben.

Überblick der klassischen Chakra-Symbolik

Chakra	Bezeichnung deutsch (sanskr.)	Farbe	Symbol	Anzahl Blütenblätter	Lage
1. Chakra	Wurzelchakra (Muladhara)	Rot	Quadrat	4	Steißbein, Beckenboden
2. Chakra	Sakralchakra (Svadhisthana)	Orange	Sichel	6	Unterleib

3. Chakra	Nabelchakra (Manipura)	Gelb	Dreieck	10	Solarplexus, Magengrube
4. Chakra	Herzchakra (Anahata)	Grün	Hexagramm	12	Brustmitte
5. Chakra	Halschakra (Vishuddha)	Hellblau	Kreis	16	Hals Kehlkopf
6. Chakra	Stirnchakra (Ajna)	Dunkelblau	Flügel	2	Stirnmitte
7. Chakra	Scheitelchakra (Sahasrara)	Violett oder Gold	Lotosblüte	1000	Scheitel, Schädeldach

Für die praktische Arbeit bieten die traditionellen Zuordnungen zwar einen Anhaltspunkt, mehr aber auch nicht. Tatsächlich hat jeder Mensch nämlich sehr individuelle Erfahrungen in Bezug auf seine Chakras. Zwar stimmen diese zuweilen auch heute noch mit den klassischen überein, doch es gibt auch sehr viele andere Möglichkeiten, seine Kraftzentren zu erleben.

Bei Chakra-Balance geht es nicht darum, dass Sie Ihr Wurzelchakra als rote Blüte mit vier Blütenblättern erfahren. Ganz im Gegenteil – am besten, Sie machen sich so wenig Gedanken wie möglich. Die beste Einstellung besteht darin, sich überraschen zu lassen.

Manche Menschen haben sehr konkrete Chakraerfahrungen. Sie nehmen ihre Chakras in leuchtenden Farben oder als kreisende Felder aus Licht wahr und können sogar sehen, wie bestimmte Edelsteine, Bachblüten oder andere Substanzen diese Farben verändern. Andere spüren eher Phänomene wie Wärme, Kribbeln oder Pulsieren in bestimmten Körperbereichen, die meist der Lage der sieben Chakras entsprechen. Allerdings gibt es auch viele Menschen, die erst einmal überhaupt nichts sehen oder spüren, wenn sie sich ihren Chakras zuwenden.

Viel leichter ist es hingegen, die Auswirkungen der Chakra-Balance-Anwendungen zu beobachten: Wenn beispielsweise blockierte Energie im Herzchakra durch die Anwendung eines passenden Heilmittels frei wird, können wir oft eine liebevollere Haltung an uns selbst entdecken. Mit einem Mal bemerken wir, dass wir mit unserem Partner, unserer Familie, Kollegen oder auch mit uns selbst plötzlich auf eine besonders mitfühlende, warme Art und Weise umgehen. Tatsächlich sind die positiven Auswirkungen auf unseren Alltag, unsere Gesundheit oder unsere persönliche Entwicklung das, worauf es bei der Arbeit mit den Kraftzentren wirklich ankommt.
Wenn es um die Erfahrungen mit den eigenen Chakras geht, gibt es kein »richtig« oder »falsch«. Jeder Mensch ist einmalig – und das gilt auch für seine Erfahrungen. Insofern sollten Sie die Hinweise in diesem Buch auch nie als »eiserne Regeln«, sondern vielmehr als Orientierungshilfe verstehen. Es gibt nur einen Menschen, der herausfinden kann, welche Anwendungen besonders effektiv sind, um Ihre Kraftzentren zu harmonisieren, und das sind Sie selbst. Ganz egal welche Mittel Sie einsetzen, bleiben Sie wach, beobachten Sie, was geschieht, und hören Sie immer auf Ihre Intuition.

Chakra-Balance – Ein zeitgemäßer Weg zu mehr Energie und Wohlbefinden

Chakra-Balance bietet Ihnen eine sehr einfache und völlig ungefährliche Möglichkeit, Ihre Kraftzentren zu harmonisieren. In der Yoga-Tradition galten intensive Meditationstechniken und fortgeschrittene Atemübungen (sanskr.: »Pranayama«) als Mittel der Wahl, um die Energien in den Chakras zu beeinflussen. Diese beiden Methoden sind für den westlichen Menschen von heute jedoch kaum ohne weiteres zu empfehlen. Erstens wäre es leichtsinnig, sich ohne die Hilfe eines erfahrenen Lehrers an intensive Yogatechniken zu wagen, da Fehler in der Yogapraxis sich fatal auf Körper und Seele auswirken können. Zweitens ist es ohne ein tieferes Verständnis des Hinduismus und den entsprechenden kulturellen Hintergrund kaum möglich, große Fortschritte zu erlangen. Und zu guter Letzt sollte nicht vergessen werden, dass indische Yogis ihr Leben lang täglich viele Stunden praktizieren und eine sehr asketische Lebensweise pflegen – allesamt Gewohnheiten, die wir hier im Westen kaum annehmen können oder wollen.

Chakra-Balance lässt sich ohne großen Zeitaufwand von jedem problemlos in die Praxis umsetzen und dies unabhängig von Alter, Religionszugehörigkeit oder Gesundheitszustand. Weder ist es nötig, esoterische Werke zu studieren, noch eine besondere Ernährung einzuhalten oder gar wie ein Mönch zu leben. Ganz im Gegenteil: Die besten Erfolge erzielen Sie durch Offenheit, eine gute Portion Neugier, Experimentierfreude und eine entspannte Einstellung.

Chakra-Arbeit für Menschen von heute

Chakra-Balance fasst eine Fülle von ganzheitlichen Methoden, Therapien und Strategien zusammen, die zum Großteil in unserer westlichen Kultur entstanden sind. Im Lauf der letzten Jahrzehnte sind bei uns viele Menschen, die sich intensiv mit alternativen Therapieformen wie ganzheitlichen Massagetechniken, Aroma- oder Edelsteintherapie beschäftigten, durch ihre Arbeit auf die Chakras gestoßen. Nicht nur professionelle Therapeuten und Heilpraktiker, sondern auch Laien haben inzwischen vielfach Erfahrungen mit Ihren Energiezentren gesammelt. Interessanterweise gibt es dabei die verschiedensten Ausgangspunkte, und tatsächlich führen ja auch viele Wege nach innen. Dies ist auch der Grund dafür, dass nicht nur Yogis, sondern beispielsweise auch Aroma-

therapeuten oder Wellness-Berater die Chakras heute immer öfter in ihre tägliche Arbeit mit einbeziehen.
Die Erfahrung, dass wir nicht nur unser sichtbarer Körper sind, sondern dass es Energien und Energiezentren gibt, die diesen Körper am Leben halten, kann jeder von uns machen. Chakra-Balance bietet Ihnen *einen* von vielen möglichen Wegen zu dieser Erfahrung an. Oder vielleicht wäre es besser zu sagen: Chakra-Balance bietet Ihnen einen Weg an, der viele bewährte Methoden beinhaltet ...

Chakra-Balance – alle Methoden auf einen Blick

Chakra-Balance nutzt viele verschiedene Mittel bzw. Methoden und Strategien, durch die Sie Ihre Chakras und somit auch Körper und Seele sanft anregen können. Die wichtigsten sind (in alphabetischer Reihenfolge):

- **Ätherische Öle**
- **Bachblüten**
- **Bäder**
- **Edelsteine**
- **Entspannungstechniken**
- **Farben**
- **Heilkräuter**
- **Heiltees**
- **Massagen**
- **Meditation**
- **Yogaübungen**

Synergetische und energetische Wirkungen

Indem Sie natürliche Heilmittel, Massagen, Entspannungsübungen usw. gezielt anwenden, können Sie mit der Zeit den Energiefluss in Ihren Chakras in eine gesunde Balance bringen. Die Arbeit mit den Chakras lohnt sich, da Sie dadurch auf sanfte und natürliche Weise viele verschiedene

Bereiche gleichzeitig beeinflussen und somit nicht nur körperliche Vorgänge, sondern auch Ihre Gefühle, Stimmungen und sogar Ihr Denken in Harmonie bringen. Durch Chakra-Balance machen Sie sich zahlreiche »synergetische« Effekte zu Nutze. »Synergetisch« bedeutet, dass viele verschiedene Faktoren zusammenwirken und diese sich allesamt gegenseitig fördern.

Aus Sicht der Chakra-Lehre wirken sich Mittel wie ätherische Öle, Heilpflanzen oder Bachblüten nicht nur auf Körper und Seele, sondern vor allem auch auf den Energiekörper des Menschen und insbesondere auf seine Chakras aus. Grundsätzlich wird tatsächlich alles, was Sie machen, essen, einnehmen oder aufnehmen Auswirkungen auf Ihre Chakras haben. Jede Bachblüte, jede Farbe, jeder Duft oder jeder Kristall hat seine ganz speziellen Wirkungen, die Ihnen entweder sehr gut, gut oder nicht so gut tun.

Doch selbst ganz alltägliche Dinge haben energetische Wirkungen. Daher macht es sogar einen Unterschied, ob Sie Rockmusik oder ein Klavierkonzert von Mozart oder Beethoven hören – und zwar nicht nur für Ihre Ohren, sondern auch was die Aktivität Ihrer Chakras betrifft, die darauf unterschiedlich reagieren werden.

In dem Maße, in dem Sie sich Ihrer Chakras bewusster werden, lernen Sie mehr und mehr, selbst feinste Einflüsse wahrzunehmen. Und mit der Zeit bekommen Sie ein sicheres Gespür für das, was für Ihre Entwicklung förderlich oder eher hinderlich ist. Eines der Ziele von Chakra-Balance besteht darin, Ihren Weg zu mehr Sensibilität und einem feineren Gespür für Ihre Bedürfnisse deutlich abzukürzen.

Typgerechte Chakra-Arbeit

Im nächsten Hauptkapitel finden Sie einen großen Chakra-Test. Durch diesen Test können Sie Ihr vorherrschendes Chakra schnell ermitteln. Jeder von uns hat ein dominantes

Chakra – ein Kraftzentrum, das besonders aktiv ist und sich stärker als die anderen Chakras auf unsere Persönlichkeit auswirkt und diese prägt.
Aus Ihrem dominanten Chakra lässt sich Ihr individueller Chakra-Typus ableiten. So sind zum Beispiel Menschen mit einem stark entwickelten Herzchakra oft besonders mitfühlend und liebevoll, da die Werte »Liebe« und »Mitgefühl« der Entwicklungsstufe des Herzchakras entsprechen. Der Chakra-Typ »Liebende/r« hat im zwischenmenschlichen und fürsorglichen Bereich ein besonders großes Potenzial – was allerdings noch nicht heißt, dass er dieses Potenzial auch wirklich lebt und entfaltet!
Ebenso wie die Konstitutionstypologie zeigt auch die Chakra-Typologie, dass jeder von uns ganz eigene Stärken, Begabungen und Möglichkeiten hat. Aber natürlich hat jeder Typus auch seine Schwächen, aus denen sich Hindernisse und Gefahren ergeben, die zu umschiffen jedoch umso leichter sind, je mehr man sich ihrer bewusst ist.
Zeigt Ihr Testergebnis die Dominanz eines bestimmten Chakras, bedeutet das nicht, dass dieses Chakra nun gleich Ihr ganzes Leben beeinflussen muss. Oft kann die Auswertung einige Monate oder ein Jahr später schon zu einem ganz anderen Ergebnis führen. Das ist kein Wunder, denn wir sind schließlich lebendige Wesen, und so wandeln wir uns und entwickeln uns weiter – manchmal langsam, manchmal aber auch ganz schön schnell.
Beim Testergebnis sind Mischtypen möglich, allerdings nur in der Theorie. In der Praxis herrscht jedoch immer ein Typus vor. Falls Sie also nicht sicher sind, welchem Chakra-Typ Sie angehören, da das Testergebnis nicht eindeutig ist, sollten Sie auf Ihre Intuition hören! Sie selbst kennen Ihre Fähigkeiten, Stärken, Schwächen und Entwicklungsmöglichkeiten immer noch am besten. Und auch wenn Sie diese vielleicht nicht immer klar vor Augen haben, werden Sie im Grunde Ihres Herzens doch ahnen, wohin Ihr Weg Sie führt.

Tipps für die Praxis

Chakra-Balance ist in erster Linie ein praktischer Weg, der Sie dazu einlädt, so schnell wie möglich konkrete Erfahrungen zu sammeln. Es gibt genug Bücher, die die Geheimnisse der Chakras (etwa die Zuordnung zu Elementen, indischen Gottheiten, Planeten, Mantras usw.) genau beleuchten, doch Chakra-Balance ist ganz und gar ein Buch für die Praxis. Falls Sie sich für die mitunter recht komplexe Theorie interessieren, finden Sie im Literaturverzeichnis einige Empfehlungen für ausführlichere Bücher.
Wenn Sie möglichst bald damit beginnen wollen, mit Ihren Chakras Kontakt aufzunehmen und harmonisierend auf sie einzuwirken, bietet Chakra-Balance Ihnen drei einfache Schritte an:

1. Finden Sie heraus, welches Chakra bei Ihnen (momentan) dominant ist. Führen Sie dazu einfach den Test auf Seite 25 durch, werfen Sie einen Blick auf die Auswertung und ermitteln Sie so Ihren individuellen Typus.
2. Harmonisieren Sie die Energie in Ihrem vorherrschenden Chakra. Im Praxisteil finden Sie viele Anwendungen und Rezepte sowie kleine Grafiken, die Ihnen zeigen, ob die jeweils beschriebenen Mittel für Ihren Chakra-Typ förderlich sind oder nicht. Falls ja, dann wird die genannte Anwendung nicht nur Blockaden in Ihrem »Hauptchakra« auflösen, sondern von dort aus zugleich auch den Energiefluss durch alle anderen Chakras anregen.
3. Fassen Sie die besten Anwendungen für Ihren Typ in einem kleinen Programm zusammen. Sie können dieses Programm selbst zusammenstellen oder auf den letzten Teil des Buches zugreifen, der Ihnen vollständige Programme für jeden Chakra-Typ anbietet.

Konzentrieren Sie sich auf Ihr dominantes Chakra

In erster Linie geht es bei Chakra-Balance darum, den Energiefluss in Ihrem dominanten Kraftzentrum oder »Hauptchakra« anzuregen. Das heißt mit anderen Worten, dass Sie Heilmittel, Nahrungsmittel, ganzheitliche Methoden usw. typgerecht, also Ihrer individuellen Veranlagung entsprechend einsetzen. Dies ist in der Praxis sehr einfach, da Sie den Wert jeder aufgeführten Anwendung anhand einer einfachen Grafik leicht einordnen und so herausfinden können, welches Mittel besonders gut zu Ihrem Typ passt.

Auch wenn Sie sich primär mit einem Chakra beschäftigen, heißt das nicht, dass Sie auch nur ein Chakra entwickeln. Der Begriff »Chakra-Balance« bezieht sich nämlich nicht nur auf das Harmonisieren Ihres dominanten Chakras, sondern es geht auch darum, eine ausgewogene Balance zwischen den sieben Chakras herzustellen. Hier können Sie den Dingen allerdings getrost Ihren Lauf lassen, da sich die Energie in den anderen Chakras mit der Zeit ganz von selbst reguliert.

Der Grund dafür, dass Sie nicht mit jedem einzelnen Chakra arbeiten müssen, ist einfach: Die sieben Chakras liegen auf einer Linie entlang der Wirbelsäule. Diese Kraftzentren sind jedoch nicht wirklich voneinander getrennt, sondern laut Yogaphilosophie durch drei wichtige Energiekanäle verbunden, die im Sanskrit »Ida«, »Pingala« und »Sushumna« genannt werden. Über diese Energiebahnen kommt es zu einem ständigen Austausch zwischen allen Chakras. Die Arbeit mit Ihrem Chakra-Typ gibt somit lediglich den *Ausgangspunkt* vor, von dem aus sich die Energie weiter verteilt. Indem Sie Ihr dominantes Chakra durch verschiedene natürliche Anwendungen in Balance bringen, setzen Sie einen Impuls frei, der sich fortsetzt, wie die Kreise, die entstehen, wenn Sie einen Stein ins Wasser werfen.

Chakra-Balance empfiehlt Ihnen, mit »Ihrem Chakra« zu arbeiten. Das heißt auch, dass Sie sich bewusst mit Ihren Themen, Lebensaufgaben, Stärken, Möglichkeiten aber auch mit

Ihren persönlichen Schwachpunkten beschäftigen und durch geeignete Mittel auf sie ausgleichend einwirken. Von hier aus kommen Sie dann ganz von selbst zu weiteren wichtigen Entwicklungsschritten, die mit anderen Chakras zusammenhängen. Die einfache Chakra-Balance-Formel lautet daher: Gleichen Sie den Energiefluss in Ihrem dominanten Chakra aus – der Rest ergibt sich ganz von selbst!
Am Rande sei noch bemerkt, dass es praktisch unmöglich ist, einzelne Chakras völlig isoliert anzusprechen. Die bei Chakra-Balance eingesetzten, ganzheitlichen Mittel wie etwa Bachblüten, Massagen oder Aromaöle wirken sich nämlich immer auf mehr als nur ein einzelnes Chakra aus. Viele der beschriebenen Anwendungen können eingesetzt werden, um zwei oder mehrere Chakras zu harmonisieren, sodass Sie bei Chakra-Balance automatisch immer auch etwas für alle Kraftzentren tun.

Welcher Chakra-Typ sind Sie?

Ich möchte es Ihnen in diesem Buch so einfach wie möglich machen, mit Ihren Chakras zu arbeiten. Anstatt sich immer wieder zu überlegen, welches Chakra Sie nun stärken müssen, bei welchem Chakra die Energie im Verhältnis zu den anderen zu aktiv ist und welches jeweilige Komplementär-Chakra wichtig ist, um einen Mangel an einer bestimmten Energie auszugleichen, müssen Sie nur eines wissen: zu welchem Chakra-Typ Sie gehören. Alles weitere ergibt sich aus den Anwendungen ganz von selbst.

Die erste Möglichkeit, um herauszufinden, zu welchem der sieben Chakra-Typen Sie gehören, besteht darin, dass Sie ausschließlich intuitiv vorgehen. Lesen Sie dazu einfach die Beschreibungen der verschiedenen Typen ab Seite 31 und ordnen Sie sich dort ein, wo Sie sich am ehesten wieder erkennen.

Wenn Sie jedoch Ihrer Intuition (noch) nicht völlig vertrauen oder sich lieber eine »objektivere« Methode wünschen, um Ihren Typ zu bestimmen, können Sie den folgenden Test machen. Das hat auch den Vorteil, dass Sie im Zweifelsfalle eher richtig liegen, denn Ihr Chakra-Typ muss nicht unbedingt den Aspekten entsprechen, die Sie derzeit auch tatsächlich ausleben. Die Typ-Beschreibungen beziehen sich lediglich auf Ihre Möglichkeiten, Begabungen, Fähigkeiten und Stärken – doch diese können noch tief verborgen liegen und dementsprechend kaum zu sehen sein. In diesem Fall könnte eine Einschätzung »nur aus dem Bauch heraus« leicht zu Fehlern führen.

Doch nun zum Test. Nehmen Sie sich genug Zeit, um den Test durchzuführen. Hören Sie bei jeder Frage genau in sich hinein. Versuchen Sie wirklich, offen zu sich selbst zu sein

und nicht so zu antworten, wie Sie meinen, dass es »richtig« wäre. Es gibt hier nämlich kein richtig oder falsch.
Alle Fragen beantworten Sie mit »trifft zu« oder »trifft nicht zu«. Je spontaner Sie dabei vorgehen, desto besser. Machen Sie in der entsprechenden Spalte einen Kreis um den dort stehenden Buchstaben. Das ist für die spätere Auswertung wichtig.
Ich möchte Ihnen empfehlen, den Test zu kopieren und die Markierungen nicht im Buch zu machen, dann können Sie den Test später, wenn Sie bereits mit Ihren Chakras gearbeitet haben, noch einmal durchführen und sehen, was sich verändert hat.
Und nun – viel Spaß beim Testen!

Testen Sie Ihren Chakra-Typ – Test in 5 Teilen

TEIL 1	Trifft zu	Trifft nicht zu
Ich bin ein rundum glücklicher und zufriedener Mensch.	G	E
Ich verliere schnell den Boden unter den Füßen.	G	A
Ich reagiere sehr eifersüchtig, wenn mein Partner mit anderen flirtet.	D	B
Ich bewege mich eher selten und friere leicht an Händen und/oder Füßen.	E	A
Ich habe sexuelle Probleme oder fühle mich sexuell unbefriedigt.	G	B
Ich habe in der Regel wenig Vertrauen in das Leben.	F	A
Ich verliere oft die Kontrolle über meine Gefühle.	B	C
Ich würde gern mit mehr Genuss und Leidenschaft leben.	E	B
Ich bin häufig kraft- und energielos und neige zu Erschöpfung.	F	A

Es mangelt mir an Vitalität und Lebensfreude.	E	B
Ich habe manchmal Angst vor der Zukunft.	F	A
Es fällt mir schwer, kreativ zu sein. Ich fühle mich oft wie blockiert.	E	B
Ich mache mir oft Sorgen um meine finanzielle Lage.	A	F
Ich leide regelmäßig unter Darmproblemen, Verstopfung oder Durchfall.	A	E
Ich fühle mich einsam. Es fällt mir schwer, Kontakt zu anderen aufzunehmen.	F	D
Ich neige zu Ängsten, Alpträumen und/oder Schlafstörungen.	G	B

TEIL 2	Trifft zu	Trifft nicht zu
Ich leide unter Problemen in der Partnerschaft und/oder habe gerade eine Trennung hinter mir.	D	A
Es fällt mir schwer, meine Ziele anzuvisieren. Mir fehlt oft die Richtung für mein Leben.	A	F
Ich wähle oft die falschen Worte und merke erst später, dass ich andere verletzt habe.	B	E
Ich leide unter depressiven Verstimmungen, und es fällt mir schwer, Entscheidungen zu treffen.	G	A
Ich glaube, dass mit dem Tod alles zu Ende ist.	F	G
Ich leide häufig unter Schmerzen und Verspannungen im unteren Rücken.	B	A
Ich neige dazu, andere zu manipulieren oder »in Grund und Boden zu reden«.	E	D
Ich habe Gewichtsprobleme und/oder leide unter Essstörungen.	C	A
Es gibt höchstens ein bis zwei Menschen, die ich aus tiefstem Herzen liebe.	E	D

Ich fühle mich nach Treffen mit Freunden oft erschöpft.	D	E
Ich würde gerne mehr Zugang zu meiner Fantasie haben.	F	B
Es fällt mir schwer, still zu werden und zu meditieren.	A	G
Belastungen und Stress schlagen mir oft auf den Magen.	C	F
Ich wünsche mir, meine Verbundenheit mit dem Universum zu intensivieren und mich mehr für die spirituelle Ebene zu öffnen.	G	C

TEIL 3	Trifft zu	Trifft nicht zu
Ich bin anfällig für Unterleibsbeschwerden wie Blasen-, Nieren-, Prostataerkrankungen oder Menstruationsprobleme.	B	C
Ich möchte anderen und mir selbst mehr Liebe schenken können.	D	G
Mein Bauch fühlt sich oft hart und verkrampft an.	D	C
Ich leide an Herzbeschwerden und/oder Kreislaufstörungen.	C	D
Ich habe Schwierigkeiten, Zugang zu meiner Intuition zu bekommen.	E	F
Ich lebe angepasst, da ich Angst vor Zurückweisung und Einsamkeit habe.	D	C
Obwohl ich künstlerisch veranlagt bin, stecke ich oft in schöpferischen Krisen.	E	C
Es mangelt mir an Lebensfreude und Energie. Geistig fühle ich mich oft erschöpft.	G	C
Es fällt mir schwer, mich zu konzentrieren und meine Gedanken auf meine Arbeit zu richten.	B	F

Atembeschwerden, Asthma oder Erkältungen plagen mich regelmäßig.	D	E
Es fällt mir schwer, mich durchzusetzen. Kritik belastet mich oft sehr.	D	C
Ich bin eher schüchtern und fühle mich oft unsicher.	E	C
Ich leide regelmäßig unter Verdauungsstörungen oder Magenschmerzen.	E	C

TEIL 4	Trifft zu	Trifft nicht zu
Es fällt mir schwer, meine Gedanken und Gefühle in Worten auszudrücken und meine Meinung zu sagen.	D	E
Ich verspüre ein Gefühl der Sinnlosigkeit und/oder habe es mit Ängsten und depressiven Stimmungen zu tun.	F	B
Ich leide unter Kopfschmerzen, chronischen Erkrankungen, Immunschwäche oder an einer Krebserkrankung.	G	B
Ich leide regelmäßig an Hals-, Nacken- oder Schulterschmerzen oder habe Probleme mit der Schilddrüse.	E	D
Ich fühle mich in der Regel im Einklang mit dem Universum.	G	F
Ich lebe aus dem Bauch heraus.	C	F
Vor der Einsamkeit habe ich große Angst.	D	A
Mir fällt es mitunter schwer, die äußere Welt ernst zu nehmen.	G	D
Ich mache mir so gut wie nie Sorgen.	A	F
Ich bin ein sehr leidenschaftlicher Mensch.	B	G
Ich habe das Bedürfnis, mich künstlerisch auszudrücken.	E	A

Ich bin meist voller Vitalität und Lebensfreude.	B	G
Meine Intuition ist ziemlich gut ausgeprägt.	F	B
Ich kann mich gut mit Worten ausdrücken.	E	D
Ich liebe es, mich zu bewegen und meinen Körper zu spüren.	A	D

TEIL 5	Trifft zu	Trifft nicht zu
Ich fühle mich meinen Mitmenschen emotional sehr verbunden.	D	F
Ich kann mich gut konzentrieren.	F	C
Ich bin sehr naturverbunden.	A	B
Es fällt mir leicht, zu meditieren und innere Ruhe zu finden.	G	B
Ich verstehe es, das Leben zu genießen.	B	G
Essen bedeutet für mich einen großen Lustgewinn.	C	G
Ich bin voll Vertrauen in das Leben und die Zukunft.	A	F
Ich habe viele verschiedene Interessen.	E	A
Ich mache mir oft Gedanken über die Welt und das Leben.	F	C
Die Liebe scheint mir die wichtigste Kraft zu sein, die es gibt.	D	C
Ich ruhe in meiner Mitte und bin nicht leicht zu verunsichern.	C	G
Meine seelische Heimat liegt jenseits der Welt der Dinge.	G	D

Auswertung

Die Auswertung des Tests ist denkbar einfach. Zählen Sie einfach alle A, B, usw. – unabhängig davon, in welcher Spalte der Buchstabe auftaucht. Notieren Sie die Summe neben den folgenden Buchstaben:

A: ...
B: ...
C: ...
D: ...
E: ...
F: ...
G: ...

Wo haben Sie am meisten Punkte?
A: Die/der Naturverbundene
B: Die/der Kreative
C: Die/der Gefühlvolle
D: Die/der Liebende
E: Die/der Erfolgreiche
F: Die/der Intuitive
G: Die/der Weise

Falls Sie bei zwei (oder mehr) Typen gleich viele Punkte haben, bedeutet das nicht, dass Sie ein »Mischtyp« sind. Stets steht eine Energie im Mittelpunkt Ihrer Persönlichkeit (zumindest für die Dauer einer bestimmten Lebensphase). Sie müssen dann anhand der Beschreibungen ab Seite 31 entscheiden, zu welchem Chakra-Typ Sie sich am ehesten zugehörig fühlen.

Die 7 Chakra-Typen

Nachdem Sie die Punkte zusammengezählt und den Test ausgewertet haben, wissen Sie jetzt, zu welchem Chakra-Typ Sie gehören. Im Folgenden finden Sie die Beschreibungen zu jedem dieser sieben Typen. In den entsprechenden Abschnitten erfahren Sie dabei einiges über charakteristische Veranlagungen, Stärken und positive Charaktereigenschaften jedes einzelnen Typs. Allerdings werden auch die Schwächen und Probleme jedes Typs sowie die Aufgaben im Hinblick auf die individuelle Entwicklung beleuchtet.

Die Bezeichnungen für die sieben Typen lauten: Die/der Naturverbundene, die/der Kreative, die/der Lebenslustige, die/der Liebende, die/der Erfolgreiche, die/der Intuitive und die/der Weise. Wie Sie sehen, können dabei jeweils sowohl die männlichen als auch weiblichen Artikel verwendet werden.

Um die etwas schwerfällige Doppelnennung zu vermeiden, werde ich die Typen im Folgenden ausschließlich in der weiblichen Form nennen und damit die übliche Norm durchbrechen. Erfahrungsgemäß sind die weiblichen Leser in der Überzahl, und so ist es wohl nahe liegend, nicht »der Naturverbundene«, sondern »die Naturverbundene« zu schreiben. Ich bitte meine männlichen Leser daher um Nachsicht und hoffe, dass sie sich trotzdem gut mit den Chakra-Typen identifizieren können.

»Die Naturverbundene«

Wurzelchakra

Lieben Sie es, im Wald spazieren zu gehen, im Sommer in den See zu springen oder im Urlaub lange am Strand zu liegen und den Wellen zu lauschen? Haben Sie sich schon dabei ertappt, wie Sie fasziniert in den Sternenhimmel geschaut und dabei die Zeit völlig vergessen haben? Fühlen Sie sich von der Kraft und der Farbenpracht eines Sonnenuntergangs manchmal geradezu wie verzaubert? Oder gibt es vielleicht Landschaften – wie etwa eine Blumenwiese, eine Bergkette oder die unendliche Weite des Meeres –, die eine magnetische Anziehungskraft auf Sie ausüben? Wenn ja, dann haben Sie bereits Bekanntschaft mit wesentlichen Aspekten Ihres dominanten Chakras gemacht, wie der Liebe zur Natur und dem Gefühl, ein lebendiger Teil der Schöpfung zu sein.

Die Naturverbundene wird besonders stark von der Aktivität des ersten Chakras (Wurzelchakra) beeinflusst. Wenn Sie zu diesem Chakra-Typ gehören, wird es Ihnen leicht fallen, sich mit den Energien dieses Kraftzentrums zu verbinden und diese für Ihr tägliches Leben zu nutzen. Ist der Energiefluss im Wurzelchakra in Harmonie, so spiegelt sich das in einer intensiven Naturverbundenheit wider.

Menschen, die zum ersten Chakra-Typ zählen, stehen mit beiden Beinen auf dem Boden, denn sie haben für gewöhnlich einen guten Kontakt zur Erde. Es macht ihnen nichts aus, auf Reisen im Zelt oder sogar unter freiem Himmel zu schlafen. Im Gegenteil können sie diese Momente sehr genießen.
Während andere lieber in ihren vier Wänden bleiben, hat die Naturverbundene Freude daran, den Wind in ihren Haaren zu spüren, sich Sonne und Regen auszusetzen oder auch dann noch in einen See zu springen, wenn die meisten anderen sich bestenfalls noch mit der großen Zehe hineintrauen. Die Naturverbundene hat einen ausgeprägten Sinn für die Rhythmen der Natur. Sie fühlt sich am wohlsten, wenn sie bei Sonnenaufgang aufstehen kann, nicht allzu spät ins Bett geht und sich den Jahreszeiten entsprechend ernährt. Dieser Chakra-Typ reagiert oft auch sensibel auf die Mondphasen und spürt sehr genau den Einfluss des Mondes – nicht nur auf den eigenen Körper, sondern auch auf Haus und Garten.

Die Naturverbundene wirft so schnell nichts um. Sie hat Vertrauen in das Leben, und selbst in Krisenzeiten spürt sie tief in ihrem Inneren, dass das Leben immer auf ihrer Seite ist. Ihr Problem ist nicht die Natur, sondern eher der Mensch, oder besser gesagt jene Menschen, die gewissenlos mit unserer Erde umgehen. Die Naturverbundene kann sehr wütend werden, wenn sie auf Leute trifft, die die Umwelt verschmutzen, indem sie etwa Müll im Wald ablagern, die Luft unnötig verpesten oder sich in anderer Weise rücksichtslos verhalten. Auch das Treiben von Konzernen, die Raubbau an der Natur betreiben, Chemikalien in die Umwelt leiten oder Wälder abholzen, betrachtet sie mit großer Sorge.
Je nach Veranlagung wird die Naturverbundene zur tapferen Streiterin für Boden, Wasser und Klimaschutz oder ärgert sich eher im Stillen. Wird sie jedoch aktiv, um ihre Ziele durchzusetzen, so müssen ihre Gegner sich warm anziehen, denn die starke Willenskraft dieses Chakra-Typs kann Berge

versetzen. Die Naturverbundene verfügt über enorme verborgene Kräfte, und sie kann äußerst ausdauernd sein, wenn es darauf ankommt.

Menschen, die zum ersten Chakra-Typ gehören, fühlen sich in ihrem Körper meist sehr wohl. Sie lieben es, sich zu bewegen, und auch wenn sie deswegen nicht unbedingt Sportler sind, gehen sie doch gerne an der frischen Luft spazieren, unternehmen kleine oder auch große Wanderungen oder verbringen auch mal einen Tag in den Bergen – ob im Sommer mit Bergstiefeln oder im Winter auf Skiern.

»Sicherheit« und »Stabilität« sind weitere zentrale Themen der Naturverbundenen. Um sich wohl fühlen zu können, braucht sie das Gefühl, im »sicheren Bereich« zu sein. Dies gilt vor allem für alles Zwischenmenschliche – egal ob es um Freundschaften, Familie oder Partnerschaft geht. Menschen, die ihr viel versprechen, ihre Versprechungen aber nicht halten, bringen sie aus dem Gleichgewicht – ebenso alle, die unzuverlässig oder unberechenbar und launisch sind.

Auch materielle Sicherheit ist ihr wichtig. Nicht dass sie Luxus bräuchte, um sich gut zu fühlen, doch Existenzängste sind für sie das Schlimmste, was es gibt. Der Wunsch nach Sicherheit spiegelt sich oft (aber nicht immer) in einem guten Händchen im Umgang mit finanziellen Angelegenheiten. Die Naturverbundene hat einen Hang zur Sparsamkeit und ist durchaus auch in der Lage, Gelder erfolgreich zu verwalten. Am wohlsten fühlt sie sich jedoch, wenn sie sich Aufgaben widmen kann, die ihr den Kontakt zu Erde und Natur ermöglichen. Die Entwicklung des ersten Chakra-Typs profitiert von Tätigkeiten wie Gartenarbeit, der Pflege von Pflanzen oder Tieren oder von kreativer Arbeit mit Ton (wie Töpfern) oder Stein (wie Bildhauerei) sowie von anderen kunsthandwerklichen Betätigungen.

Da ihr Sicherheit und Stabilität am Herzen liegen, achtet die Naturverbundene gut auf ihre Gesundheit. Meist verliert sie ab einer bestimmten Stufe ihrer Entwicklung jegliches Interesse an exzessivem Verhalten, und sie macht dann einen großen Bogen um Substanzen, die ihr Gleichgewicht und ihre Stabilität gefährden, wie Nikotin, Drogen oder starke Alkoholika. Aus dem gleichen Grund legt sie Wert auf eine bewusste Ernährung und achtet darauf, dass sie genug Frischkost, Vitamine und Vollkornprodukte zu sich nimmt. Und wenn sie doch über die Stränge schlägt, plagt sie oft das schlechte Gewissen, denn im Grunde weiß sie, dass es zu ihren wichtigsten Aufgaben gehört, gut für sich zu sorgen.

Hindernisse und Gefahren

Bei ungünstiger Entwicklung können Stärken sich leicht in Schwachpunkte verwandeln. Ein gutes Beispiel ist das Sicherheitsbedürfnis, das bei der Naturverbundenen meist stark ausgeprägt ist. Wenn Sie den Wunsch nach Sicherheit und Geborgenheit haben – was an sich ein ganz natürliches und gesundes Bedürfnis ist –, kann es leicht passieren, dass Sie beginnen, sich viel Sorgen zu machen. Beispielsweise können viele Ihrer Gedanken um das Thema »Finanzen« kreisen, die ja immerhin die Grundlage für die materielle Sicherheit in unserem Dasein sind. Laufen die Dinge nicht optimal, ist es dann kein Wunder, wenn Ängste und Zukunftssorgen auftreten. Auf der anderen Seite sind auch Geiz, Gier oder Aggressionen mögliche negative Ausdrucksformen eines Mangels an Sicherheitsgefühl.
Wenn der Energiefluss im Wurzelchakra blockiert ist, führt das oft dazu, dass die Naturverbundene förmlich den Boden unter den Füßen verliert. Dann fällt es ihr immer schwerer, zu sich selbst zu stehen und die Ziele zu verfolgen, die für ihre Entfaltung so wichtig sind. Orientierungs- und Richtungslosigkeit können dann mitunter sogar in Depressionen oder zumindest depressiven Verstimmungen münden.
Störungen im Energiehaushalt der Chakras äußern sich bei der Naturverbundenen vor allem in Erschöpfungszuständen.

Auf körperlicher Ebene kommt es oft zu Beschwerden im Bereich des Unterkörpers, wie etwa Schmerzen und Verspannungen im unteren Rücken oder Darmprobleme. Auch Essstörungen und Gewichtsprobleme kommen vor, ebenso einige Erkrankungen im Bereich der Knochen und Zähne sowie viele stressbedingte Leiden.

Ausblick

Durch Chakra-Balance können Sie in kurzer Zeit dazu beitragen, Energieblockaden in Ihrem dominanten Chakra zu lösen. Sie merken, dass Sie auf dem richtigen Weg sind, wenn Sie schon bald so voller Energie, Lebenskraft und Lebensfreude sind, dass Ihre Freunde sich nur allzu gerne von Ihnen anstecken lassen.
Die Naturverbundene hat das Potenzial zu nie versiegendem Optimismus und unerschütterlichem Selbstvertrauen. Ihre wichtigste Aufgabe besteht darin, sich gut um sich selbst und ihre Nächsten zu kümmern und dabei zugleich auch immer ihren guten Kontakt zur Natur zu bewahren. Statt sich in Worten und grauer Theorie zu verlieren, kann sie ihre Kräfte besser nutzen, indem sie tatkräftig für sich und die Ihren – ihre Familie oder Freunde – sorgt.
Die Chakra-Balance-Anwendungen unterstützen die Naturverbundene darin, ein felsenfestes Vertrauen in das Leben und in die Zukunft zu entwickeln. Die harmonische Entwicklung des ersten Chakras gibt ihr die Kraft, sehr viel in Bewegung zu bringen, sei es nun in der Welt oder auf dem Weg zu sich selbst.

»Die Kreative«

Sakralchakra

Haben Sie sich schon als Kind kleine Geschichten oder sogar ganze Märchen ausgedacht? Lieben Sie Romane oder Filme, in denen die Fantasie eine wichtige Rolle spielt? Haben Sie Freude daran, kreativ zu sein – ganz egal ob beim Kochen, Basteln, Gedichteschreiben oder beim Fotografieren? Fühlen Sie sich unwohl, wenn Sie mit Menschen zusammentreffen, die grau, kleinkariert und humorlos sind? Falls Sie einige der Fragen mit »ja« beantwortet haben, sind Ihnen zentrale Aspekte Ihres dominanten Chakras in Ihrem täglichen Leben bereits bewusst geworden.

Die Kreative wird in erster Linie von der Aktivität des zweiten Chakras (Sakralchakra) beeinflusst. Wenn Sie zu diesem Chakra-Typ gehören, fällt es Ihnen wahrscheinlich leicht, das Leben in vollen Zügen zu genießen. Die Kreative ist mit einer großen Portion Lebensfreude und Begeisterungsfähigkeit gesegnet – sofern ihr dominantes Chakra nicht blockiert ist.

Menschen, die zum zweiten Chakra-Typ gehören, lieben das Leben, und sie wissen meist sehr genau, wie wichtig es ist, das Leben in ein Fest zu verwandeln – und sei es auch nur zwischendurch, um den »grauen Alltag« zu durchbrechen. Eintönigkeit und Fantasielosigkeit sind ihnen ein Graus.

Die außerordentliche Lebensfreude, zu der die Kreative fähig ist, zeigt sich auch in ihrer ausgeprägten Sinnlichkeit. Es gibt so vieles, was sich zu genießen lohnt – Farben, Klänge, Düfte, Gewürze, Musik und all die anderen Dinge, die wir durch unsere Sinne aufnehmen können. Die Kreative hört, sieht, riecht, schmeckt und berührt die Welt auf eine besonders intensive Art. Und auch wenn dabei nicht alle fünf Sinne immer gleich stark ausgeprägt sind, ist bei ihr doch stets mindestens einer davon überdurchschnittlich entwickelt.

Die Kreative ist alles andere als ein langweiliger Zeitgenosse. Oft sprudelt sie vor Ideen nur so über, und ihre Einfälle sind manchmal so originell, dass sie nicht nur in ihrem privaten Kreis, sondern ebenso im Beruf Staunen und Anerkennung hervorruft. Kann die Energie in ihrem dominanten Chakra frei strömen, scheinen ihre schöpferischen Kräfte nie zu versiegen. Wann immer es vor allem auf die zündende Idee ankommt, kann die Kreative oft große Leistungen vollbringen. Alle Tätigkeiten, bei denen Kreativität und Ästhetik eine besondere Rolle spielen, wirken sich auf den zweiten Chakra-Typ harmonisierend aus. Nicht umsonst findet man unter diesen Menschen oft Zeichner, Maler, Komponisten, Autoren, Fotografen, Bildhauer, Modedesigner oder Architekten. Doch der Ideenreichtum der Kreativen kann sich auch in ganz alltäglichen Angelegenheiten ausdrücken – etwa in der Art, wie sie eine Spaghettisoße zubereitet, sich ihre Wohnung einrichtet oder ihre Kleidung auswählt.

Weitere wichtige Themen, die der Kreativen in ihrem Leben begegnen, sind »Leidenschaft« und »Begeisterung«. Ihre Zufriedenheit hängt stark davon ab, ob sie Betätigungen findet, die sie mit Begeisterung und mit viel Lust tun kann. Apropos »Lust«, auch die Erotik ist ein zentrales Thema. Die Kreative ist sehr wach und lebendig. Sie sieht und hört mehr als die meisten anderen, und ebenso spricht sie auch stark auf Berührungen an. Sie ist sich ihrer sexuellen Energien bewusst

und hat wenig Verständnis für eine körperfeindliche, asketische Einstellung. Immerhin gehört die sexuelle Energie zu einer der schöpferischsten Kräfte des Menschen. Ohne die erotische Liebe zwischen Mann und Frau wäre die Menschheit schließlich längst ausgestorben.
Ihre Fähigkeit, sich selbst anzunehmen und mit Begeisterung und Leidenschaft zu handeln, macht die Kreative zu einem beliebten Partner – nicht nur beim anderen Geschlecht, sondern zum Beispiel auch in Gruppen oder im Team. Ist ihr zweites Chakra in Harmonie, kann sie ihre Lebensfreude und ihr Selbstbewusstsein auch einsetzen, um Menschen, die weniger Energie haben oder in schwierigen Phasen stecken, eine wertvolle Hilfe zu sein.

Hindernisse und Gefahren

Die Kreative hat natürlich auch Schwächen, und diese können vor allem dann zum Vorschein kommen, wenn ihr dominantes Chakra blockiert ist. In diesem Fall kann das Pendel leicht in die falsche Richtung umschlagen. Ein gutes Beispiel ist die Sinnlichkeit, die bei der Kreativen oft stark entwickelt ist. Sinnlichkeit ist sehr wichtig, denn sie hilft dabei, mit wachen Sinnen durchs Leben zu gehen und sich selbst sowie seine Umwelt zu genießen. Doch der Genuss kann auch zum Selbstzweck werden – und so wird der Gourmet (Feinschmecker) leicht zum Gourmand (Vielfraß), der Genießende zum Getriebenen. Es besteht hier also immer die Gefahr, dass Maßlosigkeit, Ausschweifungen und Exzesse die an sich so wertvolle Fähigkeit, leidenschaftlich und sinnlich zu leben, abstumpfen und zerstören.
Störungen im Energiehaushalt des zweiten Chakras äußern sich bei der Kreativen auch leicht in einer gewissen Unruhe. Ihr sprudelndes Naturell und ihre wie aus dem Nichts auftretenden kreativen Einfälle können leicht dazu führen, dass ihre Ruhe und »Erdung« verloren gehen. Der Kreativen

fällt es oft schwer, sich zu entspannen oder zu meditieren, und sie hat einen Hang zu Nervosität. Bei unglücklicher Entwicklung können Konzentrationsprobleme und kreative Blockaden auftreten. Auch Probleme im Bereich der Partnerschaft und Sexualität sind häufig, da die Lust leicht zur Last werden kann und auch Eifersucht ein Thema ist, das der Kreativen alles andere als fremd ist.

Auch auf körperlicher Ebene kann es zu Problemen kommen, wenn die Energie im zweiten Chakra nicht frei strömen kann. Häufig treten dann Frauenleiden und Menstruationsprobleme und bei Männern Impotenz und Prostataerkrankungen auf. Auch Nieren- und Blasenbeschwerden sowie Schmerzen im Unterbauch oder Verspannungen im unteren Rücken können Hinweise auf blockierte Energien sein.

Ausblick

Durch Chakra-Balance harmonisieren Sie den Energiefluss zuerst in Ihrem dominanten Chakra und damit zusammenhängend dann auch in den anderen. So können Sie typische körperliche Schwachpunkte ausgleichen und viel für Ihre Gesundheit und Ihr Wohlbefinden tun. Darüber hinaus verleiht eine Befreiung der Energie im zweiten Chakra Ihrem kreativen Potenzial Flügel. Es wird Ihnen immer leichter fallen, auf spielerische Weise Neues zu schaffen und so mehr und mehr zu sich selbst zu finden.
Wichtig ist, dass Sie bei jeglichem schöpferischen Tun entspannt bleiben. Lassen Sie die Ideen einfach kommen. Bemühen Sie sich nicht. Sie können Kreativität sowieso nicht »machen«, denn sie strömt Ihnen aus Ihren innersten Quellen ganz von selbst zu. Sie brauchen also nichts anderes zu tun, als dieses Geschenk anzunehmen.
Übrigens müssen es keine großartigen und bedeutenden Dinge sein, denen Sie sich widmen. Sie brauchen keine Bruck-

ner-Symphonie zu komponieren und keine Mona Lisa auf die Leinwand zu malen. Vielmehr werden Sie entdecken, dass es in jedem kleinen Augenblick Gelegenheiten gibt, Ihre Fantasie zu entfalten. Je mehr Ihr dominantes Chakra in Balance kommt, desto mehr Poesie können Sie in Ihr Leben zaubern. Ob Sie an einem warmen Sommerabend im Gras liegen, sich dem Klang eines klassischen Konzerts hingeben, ob Sie Ihre Füße spüren, wenn Sie barfuß durch den Sand gehen, oder mit einer guten Freundin ein Glas Wein genießen – die Schönheit des lebendigen Augenblicks ist ein Geschenk, das Sie immer mehr schätzen lernen werden.

Ein wichtiger Lernschritt für die Kreative besteht darin, zu einem uneingeschränkten »Ja« sich selbst und dem Leben gegenüber zu finden. Gelingt ihr das, werden Genuss und Sinnlichkeit eine spirituelle Dimension erreichen, die nicht nur sie selbst, sondern auch alle Menschen um sie herum bereichert.

»Die Gefühlvolle«

Nabelchakra

Würden Sie sagen, dass Sie sich im Großen und Ganzen recht wohl in Ihrem Körper fühlen? Nehmen Sie sich gerne mal etwas Zeit, um sich zu verwöhnen – beispielsweise indem Sie sich eine Massage, einen Saunabesuch oder ein gutes Essen gönnen? Setzen Sie sich schon im Frühling ins Straßencafe, um die ersten Sonnenstrahlen samt Cappuccino zu genießen, und können Sie dabei so richtig abschalten? Haben Sie einen guten Kontakt zu Ihren Gefühlen? »Spüren« Sie, ob Ihre Entscheidung richtig ist oder ob Sie drauf und dran sind, einen Fehler zu machen – und zwar auch ohne dass Sie groß darüber nachdenken müssten? Haben Sie das Gefühl, dass Sie das, was Sie sich vornehmen, meistens auch erreichen können? Falls Sie sich in der einen oder anderen Frage wieder erkennen, haben Sie bereits Bekanntschaft mit ein paar wichtigen Seiten Ihres dominanten Chakras gemacht.

Die Gefühlvolle wird stark von ihrem dritten Chakra (Nabelchakra) beeinflusst. Menschen, die zu diesem Chakra-Typ gehören, sind meist sehr nah an ihren Gefühlen dran, was heute alles andere als selbstverständlich ist. Während viele Menschen auf die Frage, wie sie sich fühlen, meist nur mit »ganz gut« oder »nicht besonders« antworten können, weiß die Gefühlvolle sehr genau, wie es ihr in jedem Augenblick ihres Lebens geht. Ganz egal ob traurig, enttäuscht, wütend, glücklich oder heiter, sie ist sich ihrer Gefühle bewusst und kann auch feinere Gefühlsabstufungen (etwa zwischen Zufriedenheit, Freude und Begeisterung) gut voneinander unterscheiden.

Die Gefühlvolle ist zu starken, authentischen Emotionen fähig und hat auch kein Problem damit, diese zum Ausdruck zu bringen, sofern der Energiefluss in ihrem dritten Chakra nicht eingeschränkt ist. Ihre Nähe zu den eigenen Gefühlen und ihre Sensibilität für die Gefühle anderer macht sie bei ihren Mitmenschen meist sehr beliebt. Dieser Sympathievorsprung führt oft dazu, dass sie sehr erfolgreich ist – sei es nun in beruflichen, finanziellen oder privaten Angelegenheiten. Erfolg ist nicht nur eine Frage von Zielstrebigkeit und Know-how, sondern immer auch eine Frage der »emotionalen Intelligenz«, und daran mangelt es der Gefühlvollen weiß Gott nicht.

Menschen, die zum dritten Chakra-Typus gehören, können sich auf ihre Entscheidungen meist sehr gut verlassen. Sie haben ein gutes Gespür für das, was ihnen gut tut, und sie wissen instinktiv, was ihre Entwicklung begünstigt oder eher hemmt. Dabei entscheiden sie sehr viel häufiger aus dem Bauch als aus dem Kopf und liegen damit fast immer absolut richtig.
Die Gefühlvolle mag es nicht besonders, wenn ihr Leben allzu sehr nach Plan abläuft. Sie liebt Überraschungen und ist auch selber für manch eine Überraschung gut. Ihre Spontaneität trifft nicht immer auf Zustimmung, dennoch lässt sie sich ungern Fesseln anlegen, denn Lebendigkeit ist ihr wichtiger als Anpassung.

Ihre Lebendigkeit und Lebensfreude äußern sich bei der Gefühlvollen mitunter auch in schauspielerischem Talent: Menschen, deren drittes Chakra dominant ist, können andere nicht nur überzeugen, sondern auch unterhalten und faszinieren. Ob als Lebenspartner, Künstler oder Manager, ob im sozialen, therapeutischen oder auch wissenschaftlichen Bereich. Ihre Spontaneität und ihr Selbstbewusstsein machen die Gefühlvolle zu einem Menschen, der andere »aufwecken« und mitreißen kann.
Die Gefühlvolle weiß meistens ganz gut, was sie will – aber im Gegensatz zu anderen Menschen, die das vielleicht auch wissen, verfügt sie zudem noch über eine außergewöhnliche Willenskraft. Wenn diese Kraft nicht blockiert ist und wenn es ihr gelingt, aus ihrer Mitte zu handeln oder sich, anders gesagt, auf ihr Gespür und ihren Bauch zu verlassen, kann sie jeden noch so schweren Stein wegschaffen, der ihr den Weg zu ihrem Ziel versperrt.

Hindernisse und Gefahren

Die typischen Schwachstellen der Gefühlvollen werden nur dann zum Problem, wenn ihr dominantes Chakra blockiert ist. In diesem Fall können ihre Gefühle entgleisen und außer Kontrolle geraten. Wer zu starken positiven Gefühlen fähig ist, ist prinzipiell leider auch zu entsprechend negativen Emotionen bereit. Besonders Eifersucht, Wut und Ärger können der Gefühlvollen mitunter arg zusetzen und ihr den Seelenfrieden rauben. Allerdings verschwinden diese Gefühle oft ebenso schnell wieder, wie sie gekommen sind, doch dann ist es oft schon zu spät, da der Schaden schon angerichtet ist.

Die an und für sich so starke Persönlichkeit der Gefühlvollen, kann bei ungünstiger Entwicklung leicht ins Gegenteil umschlagen. Unsicherheit, Hemmungen, Schüchternheit und Ängste sind dafür deutliche Zeichen. Und sogar eine gewisse Kälte sich selbst und anderen gegenüber, die man der Gefühlvollen normalerweise niemals zutrauen würde, gehört zu den typischen Problemen. All diese Schwierigkeiten deuten aber im Grunde nur darauf hin, dass es ihr momentan nicht gelingt, ihre Stärken – wie Lebendigkeit, Selbstbewusstsein, Wärme oder Mitgefühl– auszuleben oder sich ihrer bewusst zu werden.

Weitere disharmonische Entwicklungen treten auf, wenn die starke Willenskraft der Gefühlvollen in Konkurrenz- und Leistungsdenken umschlägt, was leicht mal zu egoistischem oder rücksichtslosem Verhalten führen kann. Auch Schlafstörungen und Alpträume, die seelische Belastungen widerspiegeln, stören ihre innere Balance oft erheblich.

Ist die Energie im dominanten dritten Chakra im Ungleichgewicht, können auch körperliche Probleme auftreten. Wenn Gefühle weder ausgelebt noch richtig verdaut werden, führt dies oft zu Beschwerden im Verdauungstrakt. Insbesondere Magen und Darm können dann recht empfindlich reagieren.

Weiterhin sind aber auch Beschwerden, die durch emotionalen Stress begünstigt werden, bei der Gefühlvollen häufig anzutreffen. Dazu zählen neben Herz-Kreislauf-Erkrankungen und Verdauungsstörungen auch Allergien, Kopfschmerzen und ein geschwächtes Immunsystem.

Ausblick

Durch Chakra-Balance gleichen Sie die Energie in Ihrem dominanten Chakra aus – mit positiven Folgen für Ihre Gesundheit und Ihr Wohlbefinden. Die sanften Anwendungen wirken sich jedoch nicht zuletzt auch auf Ihre seelische Entwicklung aus. Können die Energien wieder frei fließen, wird es Ihnen sehr leicht fallen, starke positive Gefühle wie Freude, Begeisterung oder auch Glücksgefühle zu entwickeln und diesen Gefühlen freien Lauf zu lassen. Die Momente, in denen »die Pferde mit Ihnen durchgehen« und Sie beispielsweise aggressiv oder selbstzerstörerisch reagieren, werden hingegen immer seltener.

Um Ihr Potenzial voll ausschöpfen zu können, ist es wichtig, dass Sie sich auf Ihren Bauch verlassen: »Weniger grübeln und mehr handeln« – dieses einfache Rezept führt Sie auf direktem Weg zu Ihren Zielen.
Ein harmonischer Energiefluss durch Ihre Chakras unterstützt Ihre Fähigkeit, den richtigen Weg zu verfolgen. »Richtig« sind Ihre Ziele dann, wenn Sie sie nicht aus Angst, Sorgen oder aufgrund fremder Erwartungen gewählt haben, sondern wenn es wirklich Ihre eigenen »Herzens-Ziele« sind. Herauszufinden, welche Ziele sich lohnen, ist allerdings nur der erste Schritt. Wichtig ist auch, dass Sie »große Ziele« in viele kleine und überschaubare Zwischenschritte zerlegen.
Je besser es Ihnen gelingt, Ihre Mitte zu finden und in Ihrem Zentrum zu ruhen, desto stärker wird sich Ihr Selbstbewusstsein entwickeln. Und das werden nicht nur Sie selbst bemer-

ken, sondern auch Ihr Partner, Ihre Kollegen oder Freunde. Zu Ihrer Fähigkeit, eine große Willenskraft zu entwickeln, wird noch die Tatkraft kommen, die Sie brauchen, um Ihr Leben und die Welt um Sie herum zu gestalten.
Pflegen Sie Ihre Spontaneität, Ihre Lebendigkeit und vertrauen Sie im Zweifelsfall immer auf Ihre Intuition. Auf diese Weise werden Sie noch viele interessante Erfahrungen sammeln und außergewöhnliche Menschen kennen lernen, die Ihnen helfen werden, Ihre vielen Möglichkeiten in die Tat umzusetzen.

»Die Liebende«

Herzchakra

Ist es Ihnen wichtig, Ihre Freundschaften zu pflegen? Kennen Sie mehr als ein oder zwei Menschen, die Sie als richtig gute Freunde bezeichnen würden? Legen Sie großen Wert darauf, dass andere freundlich mit Ihnen umgehen, und bemühen auch Sie sich um Freundlichkeit? Blutet Ihnen das Herz, wenn Sie Menschen sehen, die leiden – etwa Kinder, die auf der Straße leben müssen, oder Menschen, die nach Katastrophen ihr Hab und Gut verloren haben? Mögen Sie sich selbst ganz gerne so, wie Sie sind – auch wenn Ihnen dabei vielleicht die einen oder anderen Schwächen durchaus bewusst sind? Wenn Sie einige der Fragen mit »ja« beantwortet haben, haben Sie bereits deutliche Anzeichen Ihres Chakra-Typs erkannt.

Die Liebende wird in erster Linie von der Aktivität ihres vierten Chakras (Herzchakra) beeinflusst. Falls Sie zu diesem Chakra-Typ gehören, sind Ihnen Ihre Mitmenschen wahrscheinlich wichtiger als Geld oder Karriere. Dies gilt nicht nur für Ihren Partner oder Ihre engste Familie, sondern meist auch für Freunde und gute Bekannte, die Ihnen ebenfalls sehr am Herzen liegen.
Wenn die Energie im dominanten vierten Chakra frei fließen kann, ist die Liebende zu großem Mitgefühl fähig, und oft zeigt sich dies in ihrem sozialen Engagement. Menschen, die zu diesem Chakra-Typ gehören, sind oft in pflegerischen oder medizinischen Berufen, als Sozialpädagogen oder im psychologischen Bereich tätig, in denen sie meist sehr erfolgreich sind. Die Liebende kann aber auch ganz unscheinbar im Stillen wirken – etwa innerhalb der Familie oder auch im Freundeskreis.

Zu den wichtigsten Themen der Liebenden zählen »Verständnis« und »Offenheit«. Sofern ihre Chakras gut entwickelt sind, kann sie selbst für jene Mitmenschen großes Verständnis zeigen, die andere Ansichten oder Meinungen haben und nicht unbedingt auf ihrer Linie liegen. Es fällt ihr dann leicht, andere auch trotz vermeintlicher Fehler und kleiner oder größerer Unzulänglichkeiten zu akzeptieren und ins Herz zu schließen. Auch sich selbst gegenüber reagiert die Liebende mit Freundlichkeit und Toleranz, was nicht heißt, dass ihre Fehler ihr nicht bewusst wären – doch sie weiß, dass niemand perfekt ist oder perfekt sein muss und dass sie selbst da auch keine Ausnahme ist.

Freunde, Bekannte, Familienmitglieder und Kollegen fühlen sich bei der Liebenden meist sehr gut aufgehoben. Oft führt

dies dazu, dass sie mit ihren Problemen zu ihr kommen, denn sie wissen, dass sie bei ihr ein offenes Ohr und – was noch wichtiger ist – ein offenes Herz finden. Menschen, die zum vierten Chakra-Typ gehören, sind oft auch ideale Eltern, die ihren Kindern Werte wie Liebe, Zärtlichkeit und Mitgefühl vermitteln – ob nun bewusst oder unbewusst.
Die mütterlichen Gefühle, zu der die Liebende fähig ist (bzw. die väterlichen beim Liebenden) werden nicht unbedingt nur den eigenen Kindern entgegengebracht, sondern können auch in der liebevollen Pflege Bedürftiger zum Ausdruck kommen.
Unter den Menschen, die eine Herzchakra-Dominanz aufweisen, sind nicht nur Erzieher, Pfleger und Therapeuten, sondern oft auch künstlerisch Begabte zu finden. Die Liebende kann die Herzen anderer Menschen auf vielerlei Weise anrühren. Ob sie nun zum Musikinstrument greift, den Pinsel in die Hand nimmt, ein paar Zeilen schreibt oder sonstige große oder kleine Werke schafft, gilt bei ihr der schöne Satz: »Was von Herzen kommt, geht zu Herzen.«

Wenn die Liebende etwas nicht ausstehen kann, so sind das oberflächliche Beziehungen. Einem Partner, der sie nicht von Herzen liebt, oder einer Freundin, mit der sie sich nicht wirklich gut austauschen kann, wird sie früher oder später den Rücken kehren. Um sich wohl fühlen zu können, braucht die Liebende das Gefühl der Zugehörigkeit. Sie möchte mit den Menschen, die ihr wichtig sind, emotional eng verbunden sein. Dabei ist sie sich jedoch auch des Unterschieds zwischen »verbunden sein« und »angebunden sein« sehr bewusst.
Kann die Energie in ihrem Herzchakra sich frei entfalten, fällt es ihr leicht, andere in ihr Herz zu schließen und ihnen doch zugleich jegliche Freiheit zu lassen, denn sie weiß, dass Liebe nur in der Freiheit gedeihen kann. Da die Liebende eine starke Persönlichkeit hat, fällt es ihr gar nicht ein, um Liebe und Zuneigung zu »betteln«, stattdessen verschenkt sie ihre

eigene Liebe – ohne Absichten und Hintergedanken. Dass andere diese Zuneigung oft (wenn auch nicht immer) erwidern, nimmt sie dankbar an, ohne davon jedoch in irgendeiner Weise abhängig zu sein.

Hindernisse und Gefahren

Störungen im Energiefluss des vierten Chakras können dazu führen, dass die Stärken der Liebevollen durch verschiedene Probleme überlagert werden. Besonders häufig kommt es vor, dass die »Schattenseiten der Liebe« ihr das Leben schwer machen. Dazu gehören vor allem Eifersucht und Anhaften. Wird die Liebe Besitz ergreifend, sind Schwierigkeiten in der Partnerschaft vorprogrammiert. Aber auch die Beziehungen zu Freunden und Bekannten leiden darunter, wenn die Kraft der Liebe weniger aus der Seele als vielmehr aus dem Ego kommt. Im schlimmsten Fall kommt es zu Trennungen, die oft von unschönen Szenen begleitet sind.

Ein weiteres Problem, das in Zusammenhang mit blockierter Chakra-Energie zu sehen ist, ist Einsamkeit. Die Angst, verlassen zu werden, in die Isolation zu geraten oder von anderen ignoriert zu werden, kann für die Liebevolle zum Alptraum werden. Diese Angst kann leicht zur »selbsterfüllenden Prophezeiung« werden: Die sonst so gut ausgeprägte Fähigkeit, soziale Bande in vielerlei Richtungen zu knüpfen, liegt dann brach, und es fällt der Liebenden zunehmend schwer, Kontakt zu anderen Menschen aufzunehmen.

Neben Kontaktproblemen können auch Gefühlskälte, egoistische Tendenzen und ein Hang zur Resignation oder gar Verbitterung andeuten, dass die Kraft der Liebe sich nicht entfalten kann. Die Offenheit kann dann schnell in Intoleranz, die gesunde Eigenliebe in Selbstzweifel umschlagen. Oft genügt dann schon die kleinste kritische Bemerkung, um die Liebende in eine ernste Krise zu stürzen.

Auch der Körper reagiert negativ auf Energieblockaden im vierten Chakra. Besonders Herz, Kreislauf und Blutdruck werden dann leicht in Mitleidenschaft gezogen. Doch auch Lungenerkrankungen, Infektionen, Erkältungen und Asthma können ebenso wie alle Arten von Hautproblemen signalisieren, dass es höchste Zeit wird, sich verstärkt um das innere Gleichgewicht zu bemühen.

Ausblick

Die Chakra-Balance-Anwendungen helfen Ihnen auf sanfte, ungefährliche Weise, die Energie in Ihrem dominanten und allen anderen Chakras in ein harmonisches Gleichgewicht zu bringen. Viele körperliche Probleme und Beschwerden können dadurch aufgelöst oder zumindest deutlich gelindert werden.

Wichtig ist aber auch, dass die Anwendungen Sie darin unterstützen, Ihre besten Seiten auszuleben. Können Ihre Energien frei fließen, wird Ihre Liebe von Tag zu Tag reifen, und Sie werden über sich selbst hinauswachsen. Ihre Wärme, Ihre innere Ruhe und Ihr zutiefst empfundenes Mitgefühl können sich dann immer stärker auf andere übertragen. Dies wird sowohl soziale oder therapeutische Aufgaben erleichtern als auch »im ganz normalen Leben« für große Offenheit und Verbundenheit sorgen.

Ihre Fähigkeit, andere in ihrem Inneren zu berühren, erhöht Ihre Pflicht, sich mit Ihren inneren Kraftquellen zu verbinden. Nur so können Sie sicher sein, dass Ihre Liebe selbstlos und damit für andere eine große Hilfe ist. Bei all den Möglichkeiten, die sich Ihnen bieten, wenn es darum geht, harmonisierend und heilsam auf Ihre Umgebung einzuwirken, sollten Sie doch immer auch an sich selbst denken. Das hat aber nichts mit Egoismus zu tun – schließlich können Sie anderen nur dann Kraft schenken, wenn Sie gut auf sich selbst aufpassen. So wie Sie anderen Ihre Aufmerksamkeit

schenken, sollten Sie sich selbst gegenüber achtsam sein. Und die Zeit, die Sie einsetzen, um anderen ein offenes Ohr zu leihen, sollten Sie sich auch ab und zu nehmen, um sich selbst zuzuhören und Ihren eigenen Bedürfnissen nachzuspüren.
Die Kraft der Liebe kann Ungeheures bewirken – bei Ihnen, bei Ihren Mitmenschen und in der Welt. Nutzen Sie diese Möglichkeiten, indem Sie sich auf Ihre Stärken konzentrieren, und verschwenden Sie Ihre Energie nicht damit, sich selbst zu kritisieren. Wenn es Ihnen gelingt, den Weg der Liebe zu gehen, werden Ihnen in Ihrem Leben noch viele kleine – und wohl auch so manche große – Wunder begegnen.

»Die Erfolgreiche«

Halschakra

Wissen Sie recht genau, was Sie wollen, und können Sie das Ihrem Gegenüber auch verständlich machen? Fällt es Ihnen im Allgemeinen leicht, sich mit Worten auszudrücken? Würden Sie sagen, dass Sie viele Interessen haben? Sind Sie vielseitig, haben Sie mehr als nur ein »Gesicht«? Denken Sie öfters über die Dinge nach, die Sie erleben – über Menschen, die Ihnen begegnen, oder über das, was andere Leute denken und sagen? Haben Sie bei dem, was Sie anpacken, in den meisten Fällen auch Erfolg? Wenn Sie einige dieser Fragen mit »ja« beantwortet haben, sind Ihnen schon einige Auswirkungen Ihrer persönlichen Chakra-Dominanz bewusst geworden.

Die Erfolgreiche wird in erster Linie von der Aktivität ihres fünften Chakras (Halschakra) beeinflusst. Falls Sie zu diesem Chakra-Typ gehören, haben Sie das Potenzial, in vielen Bereichen Ihres Lebens erfolgreich zu sein. Dabei muss es nicht nur um berufliche Angelegenheiten gehen: Erfolg können Sie auch in gelungenen Beziehungen zu anderen Menschen haben, oder er zeigt sich darin, dass Sie Ihre Begabungen entfalten und dabei Glück erfahren – auch wenn Ihnen das nicht unbedingt Geld oder Ruhm einbringt.

Wenn sich die Energie in ihrem fünften Chakra frei entfalten kann, gehört die Erfolgreiche zu den vielseitigsten Menschen überhaupt. Ihre Interessen können um medizinische, psychologische, ökologische, wirtschaftliche oder künstlerische Dinge kreisen – und auch wenn sie in ihrem Beruf mitunter hoch spezialisiertes Wissen entwickelt, hat sie doch oft noch Hobbys, in die sie ebenso tief einzutauchen vermag.
Besonders häufig trifft man bei der Erfolgreichen ein Talent für die Sprache an. Normalerweise fällt es ihr sehr leicht, mit Worten umzugehen, und ohne dass sie darüber nachdenken müsste, wählt sie auch in schwierigen Situationen meist die richtigen Worte. Sie achtet darauf, andere nicht zu verletzen, und es macht einfach Spaß, sich mit ihr zu unterhalten. Ihre Fähigkeit zu aufrichtiger Kommunikation macht die Erfolgreiche nicht nur im Freundeskreis zu einem beliebten Gesprächspartner, sondern sichert ihr oft auch Karrierevorteile. Sie kann in wichtigen Augenblicken sehr überzeugend auftreten – und wenn es sein muss, kann sie sogar ihren Gesprächspartner auch schon einmal ordentlich um den Finger wickeln.
Ihre Begabung, andere in ihren Bann zu ziehen, muss jedoch

nicht immer mit einer ausgeprägten Wortgewandtheit oder gar mit einem besonders umfangreichen Vokabular Hand in Hand gehen. Die Erfolgreiche setzt oft einfachere Mittel ein, um ihre Ziele zu erreichen – dazu gehören ihre Körpersprache, ihre Gestik und Mimik; oft ist es aber auch »nur« ihre selbstbewusste Ausstrahlung, die sie zur Gewinnerin macht, ohne dass sie dabei auch nur ein Wort sagen muss.

Menschen, die zum fünften Chakra-Typ gehören, haben enorme Möglichkeiten, sich weiterzuentwickeln. Neben ihrer Begabung für Kommunikation und ihren vielfältigen Möglichkeiten, sich auszudrücken, kommt ihnen auch die Fähigkeit zugute, die Dinge klar zu sehen und zu analysieren. Diese Menschen sind besonders häufig unter Sängern, Schauspielern, Trainern, Coachs, Lehrern, Dozenten aber auch als Berater, Therapeuten oder im Management anzutreffen. Da ihre Ausdruckskraft sich nicht nur auf das gesprochene, sondern ebenso auf das geschriebene Wort erstreckt, findet man sie ferner auch unter Schriftstellern, Drehbuchautoren, Dichtern oder Philosophen. Abgesehen von den genannten Berufsfeldern, gibt es eigentlich kaum eine Betätigung, die nicht von ihren typischen Stärken wie einer ausgeprägten Ausdrucksfähigkeit, klarem Denken und gut entwickeltem Zielbewusstsein profitieren würde.
Die Erfolgreiche kann auch auf dem spirituellen Weg in kurzer Zeit große Schritte machen. Es fällt ihr leicht, ihre Erfahrungen schnell einzuordnen und wichtige Lehren, die das Leben für sie bereithält, zu erkennen und in die Praxis umzusetzen. Sie zieht die richtigen Schlüsse und ist – zumindest phasenweise – immer wieder intensiv auf der Suche nach Wahrheit und Inspiration, was ihrer geistigen Entwicklung sehr entgegenkommt.

Hindernisse und Gefahren

Blockaden im Energiefluss des fünften Chakras bewirken Störungen in der ganzheitlichen Entwicklung. Diese führen zu vielerlei Problemen, die die Erfolgreiche aus dem Gleichgewicht bringen und Unzufriedenheit hervorrufen. Zu seelischen Belastungen kommt es früher oder später, wenn »Erfolg« zu einseitig definiert wird. Die Jagd nach Anerkennung oder die Erfüllung rein finanzieller Interessen mögen noch so erfolgreich sein, sie werden die Erfolgreiche nicht wirklich befriedigen können, da dabei ein Großteil ihrer Begabungen nie zur Entfaltung kommen kann.
Auch kreative bzw. schöpferische Krisen deuten auf Probleme im dominanten Chakra hin. Die Erfolgreiche, die sonst so wortgewandt und schlagfertig ist, kann dann auch zu großer Schüchternheit und Hemmungen neigen. Die Fähigkeit, sich auszudrücken und einen guten Draht zu ihren Mitmenschen aufzubauen, kommt dabei mitunter ganz zum Erliegen.

Eine ganz andere Schwäche, die bei der Erfolgreichen durch eine ungünstige Entwicklung auftreten kann, besteht in dem Drang, sich selbst in den Mittelpunkt zu stellen und andere in Grund und Boden zu reden. So positiv ein starkes Selbstbewusstsein und eine gute Portion Überzeugungskraft bei ihren Gesprächspartnern ankommen, so gereizt reagieren diese, wenn sie merken, dass die Erfolgreiche versucht, sie zu manipulieren oder zu »über-reden«. Disharmonien im Halschakra können dazu führen, dass es ihr sehr schwer fällt, andere Meinungen zu akzeptieren, und sie ihre eigenen Ansichten über die der anderen stellt. Auch Geltungsdrang kommt häufig dazu. Dass es dabei auch schon mal zu heftigen Streitereien und Zerwürfnissen kommt, versteht sich von selbst.

Auch einige körperliche Beschwerden signalisieren, dass es für die Erfolgreiche Zeit wird, die Balance innerhalb ihrer

Chakras wiederherzustellen. Dazu gehören Verfrorenheit und kalte Hände und Füße, vor allem aber Schmerzen, Verspannungen und Steifheit in Schultern und Nacken. Auch Halsschmerzen, Entzündungen der Mundschleimhaut und des Zahnfleisches sowie Sprechstörungen (zum Beispiel Heiserkeit) sind typische Beschwerden. Steht die Erfolgreiche unter Stress, kann es ferner zu Verdauungsstörungen, Magenbeschwerden und/oder Schlafstörungen kommen. Dies ist vor allem dann der Fall, wenn sie ihre innere Ruhe in belastenden Lebensphasen verliert.

Ausblick

Wenn Sie zum Chakra-Typ »die Erfolgreiche« gehören, ist es wichtig für Sie, sich bewusst um das Thema »Kommunikation« zu kümmern. Entwickeln Sie Ihre Fähigkeit, sich mitzuteilen, mit anderen zu teilen, zu sprechen und zuzuhören, zu geben und zu empfangen.
Die Chakra-Balance-Anwendungen helfen Ihnen dabei, die Kräfte zu entwickeln, die Sie brauchen, um sehr wach und bewusst zu leben. Dazu gehört, dass Sie immer mehr Zeit damit verbringen, sich auf das zu konzentrieren, was für Ihren ganz persönlichen Weg wirklich wesentlich ist. Dazu gehört ferner, dass Sie sich nicht nur um Ihren äußeren, sondern auch um Ihren inneren Wohlstand kümmern.
Die Harmonisierung Ihres dominanten Chakras wird sich positiv auf Ihre Gesundheit und Ihr Lebensgefühl auswirken. Dass Sie auf dem richtigen Weg sind, werden Sie auch daran merken, dass Ihr Geist zunehmend klarer wird. Mit der Zeit wird es immer deutlicher, worauf es wirklich ankommt. Wenn Sie einmal erkannt haben, wo Sie in einigen Jahren stehen wollen, welche Ihrer Begabungen Sie fördern und was für eine Persönlichkeit Sie dann im Idealfall sein möchten, können Sie sich jede Menge Zeit und Energie sparen.
Worauf es letztlich ankommt, ist Selbsterkenntnis. Je klarer

Sie Ihr wahres Wesen erkennen, desto schneller werden Sie genau zu den Menschen, Beschäftigungen und Verhaltensweisen finden, die zu Ihrem Weg passen und Sie fördern, statt für Sie zum Hindernis zu werden. Durch Meditation, Achtsamkeit im Alltag, die Beschäftigung mit den eigenen Träumen sowie durch zahlreiche Chakra-Balance-Anwendungen können Sie sehr viel tun, um die Selbsterkenntnis zu fördern.

»Die Intuitive«

Stirnchakra

Sind Sie ein sensibler Mensch? Sehen und spüren Sie Dinge, zu denen andere keinen Zugang haben? Machen Sie sich öfter Gedanken – zum Beispiel über sich selbst, das Leben oder die Menschen, mit denen Sie zusammen sind? Würden Sie sagen, dass Sie viele Träume haben, die noch darauf warten, verwirklicht zu werden? Wünschen Sie sich oft eine andere, bessere Welt? Glauben Sie, dass Sie heilende Kräfte besitzen und Menschen, die körperlich oder auch seelisch leiden, im Allgemeinen gut helfen können? Falls Sie sich in der einen oder anderen Frage wieder erkennen, haben Sie bereits Bekanntschaft mit ein paar wichtigen Seiten Ihres dominanten Chakras gemacht.

Die Intuitive wird stark von ihrem sechsten Chakra (Stirnchakra) beeinflusst. Menschen, die zu diesem Chakra-Typ gehören, können sich im Großen und Ganzen gut auf ihre Intuition verlassen. Sie durchschauen andere oft schon auf den ersten Blick, denn ihre Menschenkenntnis ist beachtlich.

Obwohl die Intuitive zuweilen über eine außerordentlich gute Bildung verfügt, ist sie doch nur selten ein »intellektueller Typ«. Ihr Wissen stammt nämlich nicht so sehr aus Büchern und Angelerntem, sondern fließt ihr von einer höheren Ebene aus zu. Wenn die Energien in ihrem dominanten, sechsten Chakra ungehindert strömen können, ist die Intuitive außerdem mit heilerischen Fähigkeiten gesegnet. Dementsprechend häufig findet man diesen Chakra-Typ unter Ärzten, Krankengymnasten, Krankenschwestern oder Heilpraktikern.

Die Intuitive interessiert sich oft für ganzheitliche Heilweisen wie Schamanismus, Reiki oder andere Arten der Energieübertragung oder Geistheilung. Wird sie in diesen Bereichen aktiv, so werden die Erfolge, die sie dabei hat, ganz erstaunlich sein. Ihre heilerische Begabung kann jedoch auch viel unscheinbarer (wenn auch nicht minder wichtig) zu Tage treten. Die Intuitive erkennt beispielsweise sehr früh, wenn ein Gespräch anfängt, in eine ungünstige Richtung zu gehen, und greift dann schnell ausgleichend ein. Die Intuitive kann ihre heilenden Kräfte somit auch vermittelnd einsetzen und unser aller Zusammenleben im Kleinen und Großen enorm erleichtern.

Die Intuitive hat einen gut entwickelten »Siebten Sinn«. Sie ahnt Dinge, noch bevor sie geschehen. Manchmal träumt sie auch von Situationen, die dann später in der Wirklichkeit genau so geschehen, wie sie sie geträumt hat. Sofern die Energien in ihren Chakras sich harmonisch entfalten, kann die Intuitive Neues sehr schnell auffassen und abspeichern, sodass es ihr leicht fällt, selbst komplizierte Zusammenhänge zu durchblicken. Darüber hinaus hilft ihr ihre Sensibilität dabei, »instinktiv« das Richtige zu tun. Ihre Gabe, Entwicklungen oder Geschehnisse vorherzusehen, schützt sie und andere oftmals vor Gefahren.

Menschen, die zum sechsten Chakra-Typ gehören, haben meist einen guten Draht zu ihrem Unterbewusstsein. Sie kriegen nicht nur das mit, was an der Oberfläche abläuft, sondern auch das, was in der Tiefe passiert. Dies gilt sowohl im Bereich der Beziehungen, wie etwa bei Freundschaften oder in der Familie, als auch in Bezug auf sich selbst. Kein Wunder also, dass die Intuitive sich ihrer Stärken wie auch Schwächen sehr bewusst ist.
Zu ihren größten Stärken zählt ihr Idealismus: Sie gibt sich nicht mit den gegebenen Umständen zufrieden, sondern weiß genau, wann es wichtig ist, gegen Missstände anzukämpfen. Ganz egal ob sie von einer gesünderen Umwelt, harmonischeren Beziehungen oder einem friedvolleren Leben träumt, die Intuitive weiß, dass Veränderungen möglich sind und dass sie selbst sehr viel tun kann, um diese Veränderungen bewusst herbeizuführen.

Trotz ihrer überdurchschnittlichen Sensibilität kann die Intuitive durchaus auch richtig zugreifen und Nägel mit Köpfen machen. Ihr Selbstbewusstsein ist von zweierlei Art: Zum einen weiß sie um ihre Ausstrahlung und ihre Fähigkeit, andere für sich zu gewinnen, was sie äußerlich selbstbewusst erscheinen lässt. Zum anderen bezieht sich ihr »Selbst-Bewusstsein« auch auf ihr inneres Selbst. Gelingt es ihr, die Verbindung nach innen aufrechtzuerhalten, ist die Intuitive oft ein sehr meditativer Mensch. Sie besitzt die seltene Fähigkeit, der Kraft der Stille auch inmitten einer hektischen Welt Raum zu geben.

Hindernisse und Gefahren

Es gibt einige typische Schwachstellen, die der Intuitiven das Leben schwer machen können. Diese treten vor allem dann auf, wenn ihr dominantes Chakra blockiert ist. In diesem Fall schlägt ihre Sensibilität schnell dahingehend um, dass sie den Boden unter den Füßen verliert. Ihre Fähigkeit, »in höheren Gefilden zu fliegen«, kann zu unsanften Landungen führen. Verliert sie den Kontakt zum »Alltäglichen«, führt das nicht selten dazu, dass sie sich in Fantasiewelten flüchtet und für ihre Mitmenschen immer unnahbarer wird.

Treten Störungen im dominanten sechsten Chakra auf, verliert die Intuitive leicht das Vertrauen in das Leben. Neben Zukunftsängsten sind dann auch Erschöpfungszustände, bei denen sie sich energie- und kraftlos fühlt, möglich. Weitere Probleme, die in diesem Zusammenhang auftauchen können, sind die Einsamkeit und das Gefühl der Sinnlosigkeit, das Stimmungen der Niedergeschlagenheit erzeugt. Bei entsprechender Veranlagung können blockierte Energien bei der Intuitiven aber auch einen Hang zur Selbstüberschätzung, Verantwortungslosigkeit und Zerstörungswut auslösen, was zum Glück jedoch nur selten dramatische Ausmaße annimmt.

Die sonst so gut ausgeprägten Fähigkeiten der Intuitiven sich zu konzentrieren, zu lernen und Zusammenhänge zu erkennen, können bei ungünstiger Entwicklung ins Gegenteil umschlagen: Konzentrationsprobleme, Lernschwäche und Orientierungslosigkeit sind dann die Folge.

Auch körperliche Beschwerden weisen darauf hin, dass die Lebensenergie nicht frei durch die Chakras und insbesondere das sechste Chakra fließen kann. Typisch sind Kopfschmerzen im Bereich der Stirn aber auch im Hinterkopf, die häufig auftreten und gerade in Stresssituationen sehr stark werden können.

Auch Augenerkrankungen oder Sehschwächen sowie die

Neigung zu Schnupfen, Erkältungen und Nebenhöhlenentzündungen sind häufige Probleme der Intuitiven. In seltenen Fällen kann sie auch unter starken Ängsten, depressiven Verstimmungen und/oder chronischen Erkrankungen, insbesondere im Bereich des Nervensystems, leiden. Nicht zuletzt gehören auch Gleichgewichtsstörungen und Blutdruckschwankungen, die mit Schwindelgefühl einhergehen, zu den typischen Beschwerden.

Ausblick

Durch Chakra-Balance gleichen Sie die Energie in Ihrem dominanten Chakra aus – was sich sehr positiv auf Ihre Gesundheit und Ihren Gemütszustand auswirken wird. Die natürlichen und sanften Anwendungen beeinflussen jedoch auch Ihre seelische Entwicklung.

Es gibt einige deutliche Zeichen dafür, dass Sie auf dem richtigen Weg sind. Zum einen wird es Ihnen zunehmend leichter fallen, nach innen zu schauen und das Wesentliche zu erkennen, dabei können Sie sich mehr und mehr auf Ihre innere Stimme verlassen, die Ihnen sagen wird, worauf es für Sie im Moment wirklich ankommt. Zum anderen nimmt Ihre Fähigkeit, idealistisch zu denken, immer konkretere Formen an. Das heißt, dass sich Ihre bildliche Vorstellungskraft entfaltet und Sie allmählich immer genauer erkennen, was Sie in Ihrem Leben verändern sollten. Es bedeutet aber auch, dass Sie es schaffen, den Unterschied zwischen dem, was ideal wäre, und dem, was auch machbar ist, zu sehen und entsprechend zu handeln.

Ihre Träume können Ihnen dabei helfen, mehr Freude, Zufriedenheit und Glück in Ihr Leben zu zaubern. Bitten Sie Ihre Träume vor dem Einschlafen darum, Ihnen klare Botschaften zu schicken. Ihre Träume werden vor allem dann klar und deutlich zu Ihnen sprechen, wenn es darum geht, Lösungen bei Problemen zu finden oder neue Wege zu ent-

decken, die Ihnen helfen können, ungesunde oder ungünstige Verhaltensweisen zu ändern.
Pflegen Sie Ihr Talent, mehr Fantasie ins Leben zu bringen. Zum Beispiel können Sie Märchen und Sagen lesen, sich mit der Welt der Elfen und Feen beschäftigen oder Ausstellungen von inspirierenden Malern besuchen. Lassen Sie in Ihrem Alltag nicht zu viele Grautöne zu, sondern nutzen Sie jede Möglichkeit zu zaubern und zu verzaubern – denn auch darin liegt eine große Fähigkeit, die nicht nur für Sie selbst, sondern auch für die Menschen wichtig ist, denen Sie im Alltag begegnen.

»Die Weise«

Scheitelchakra

Besitzen Sie die Fähigkeit, auch in schwierigen Situationen gelassen zu bleiben? Würden Sie sagen, dass Sie im Allgemeinen ein glücklicher und zufriedener Mensch sind? Glauben Sie an ein Leben nach dem Tod? Fällt es Ihnen leicht, zu meditieren und inneren Frieden zu finden, wenn Sie sich darum bemühen? Spielt das Thema »Spiritualität« in Ihrem Leben eine wichtige Rolle? Ist es wichtig für Sie, sich gelegentlich einmal zurückzuziehen und dem »Lärm der Welt« den Rücken zu kehren? Falls Sie eine oder mehrere Fragen mit »ja« beantwortet haben, haben Sie bereits ein paar wichtige Seiten Ihres dominanten Chakras kennen gelernt.

Die Weise wird stark von ihrem siebten Chakra (Scheitelchakra) beeinflusst. Menschen, die zu diesem Chakra-Typ gehören, sind meist heiter und gelassen und kennen das Gefühl, im Einklang mit dem Universum zu sein. Im Gegensatz zu den meisten anderen, die Geld, Ruhm oder kurzlebigen Freuden nachjagen, besitzt die Weise die Fähigkeit, das Wesentliche vom Unwesentlichen zu unterscheiden. Vor allem aber weiß sie um die wohltuende Kraft der Stille, denn sie hat die Erfahrung gemacht, dass der größte Schatz, den es zu entdecken gibt, nicht in der Welt, sondern vielmehr in ihrem eigenen Inneren liegt.

Sofern ihr dominantes Chakra nicht blockiert ist, macht sich die Weise wenig Sorgen um Materielles und Finanzielles. Sie weiß, dass sie dem Leben vertrauen kann, und es fällt ihr leicht, die Dinge so zu nehmen, wie sie kommen. Ihre Fähigkeit, ganz im Hier und Jetzt zu leben, verleiht ihr eine außergewöhnliche Flexibilität. Sie kann auch in einfachsten Umständen glücklich werden, da sie ihre Zufriedenheit nicht von der Erfüllung äußerer Wünsche abhängig macht.

Die Weise hat längst erkannt, dass jeder einzelne Augenblick die Chance birgt, tief in die Geheimnisse des Lebens einzutauchen. Daher legt sie selbst in alltäglichen Situationen wert darauf, achtsam und bewusst zu sein. Ob im Beruf, in der Partnerschaft, beim Spazierengehen oder in der Badewanne, schafft es die Weise, selbst in scheinbar banalen Tätigkeiten eine intensive Lebendigkeit zu erfahren, und sie strahlt diese Lebendigkeit auch aus.

Selbst dann, wenn die Dinge nicht optimal laufen und sie zum Beispiel krank oder von anderen angegriffen wird oder mit Misserfolgen fertig werden muss, gelingt es ihr oft, die Ruhe zu bewahren. Zumindest dann, wenn sie mit der Kraft aus ihrer Mitte verbunden ist, bleibt sie stets im Fluss und verschwendet keine Energie damit, gegen das anzukämpfen, was ist.

Für Menschen, die zum siebten Chakra-Typ gehören, spielt das Thema »Spiritualität« eine große Rolle. Dies äußert sich zum einen in ihrer Suche nach der unsichtbaren Wahrheit, die sich hinter den sichtbaren Dingen verbirgt. Spiritualität muss für sie aber nicht heißen, dass sie in meditativer Versenkung nach Erleuchtung suchen oder einer bestimmten Religion angehören (obwohl das recht oft der Fall ist). Vielmehr ist Spiritualität für sie die Kunst, eine geistige Dimension in ihr Tun zu bringen. Nicht alle Menschen mit dominantem siebten Chakra meditieren oder beten. Viele leben ihre Spiritualität auch im zwischenmenschlichen, ökologischen, kreativen oder psychologischen Bereich aus. Sogar Manager großer Firmen können spirituell sein – die Kunst besteht eben immer darin, seinen Blick nicht so sehr auf die Oberfläche als mehr in die Tiefe zu richten.

Die Weise fühlt sich bei Tätigkeiten besonders wohl, die ihr ein Gefühl von Sinn, Tiefe und Verbundenheit geben. Sie ist oft als Beraterin, Therapeutin oder geistige Lehrerin tätig und fühlt sich auch als Leiterin von Selbsterfahrungs-, Yoga- oder Meditationskursen wohl. Ihre Fähigkeit, bewusst im Hier und Jetzt zu wirken, macht sie aber auch als Freundin, Partnerin oder Kollegin sehr beliebt. Selbst in unscheinbaren Berufen, die gesellschaftlich wenig anerkannt sind, schafft sie es, ihre tiefe Verbundenheit mit allen sie umgebenden Wesen aufrechtzuerhalten und ihre spirituelle Kraft zu entfalten.

Nicht zuletzt ist die Weise auch eine »Verwandlungskünstlerin«. Kann die Energie in ihren Chakras frei strömen, schafft sie es, »aus einer Zitrone eine Limonade zu machen«. Sie vollbringt oft das Kunststück, Last in Freude oder Dunkelheit in Licht zu verwandeln. Aus einer schwierigen Beziehung kann sie eine erfüllende Freundschaft machen und aus einer großen Krise letztlich tiefe Erfüllung ziehen.

Hindernisse und Gefahren

Die vielen Stärken, die die Weise hat, können sich leider umgekehrt auch in Schwächen »verwandeln«. Störungen im Energiefluss können dazu führen, dass die Weise ihre Quellen der Kraft nicht mehr anzapfen kann, und dann kommt es zu verschiedenen Problemen: Verwirrung, Realitätsflucht und Aberglaube sind einige davon. Steht ihr Kontakt zur spirituellen Dimension nicht auf stabilem Boden, können sogar Wahnzustände oder in anderen Fällen auch fanatische Tendenzen die Folge sein.

Ein anderes Problem entsteht, wenn die Weise sich zu sehr auf geistige Regionen konzentriert. So wichtig Einkehr, Meditation und Stille sind, so wichtig ist es doch auch, der Leidenschaft, der Lust und aktiver Lebensfreude Raum zu geben. Sonst ist die Gefahr groß, dass es der Weisen immer schwerer fällt, das Leben zu genießen. In diesem Fall kommt es auch oft zu sexuellen Problemen oder einer Ablehnung des eigenen Körpers – und natürlich auch des Partners Körper. Berührungsängste gegenüber den so genannten »irdischen« Freuden können zu Hemmungen und Ängsten führen, die natürlich auch den Mitmenschen nicht verborgen bleiben. Diese reagieren dann oft mit Zurückhaltung oder schlimmer noch mit Abweisung.

Auch Ängste, Schlafstörungen, belastende Träume oder Sorgsucht können darauf hinweisen, dass die Energie im siebten Chakra blockiert ist. Die sonst so flexible, bewegliche und lebendige Weise kann dann zu Unbeweglichkeit, Starrsinn und manchmal sogar zu einem ausgeprägten Materialismus neigen, der niemanden mehr vermuten lässt, dass hinter dieser harten Fassade eine so sensible, spirituelle Person steckt.

Ist die Energie im dominanten siebten Chakra im Ungleichgewicht, können natürlich auch körperliche Probleme auftreten. Dazu gehören beispielsweise wiederkehrende Infektionen oder andere Anzeichen eines geschwächten Immunsystems.

Auch chronische Erkrankungen und Allergien sind häufige Beschwerden. Neben Kopfschmerzen, Gedächtnisproblemen und Konzentrationsmangel ist oft auch der Bewegungsapparat besonders anfällig, was sich in Gelenkentzündungen, Muskelschmerzen, Rheuma oder Schmerzen im Bereich der Wirbelsäule äußern kann. Blockaden im siebten Chakra können in seltenen Fällen auch Nervenleiden und Lähmungserscheinungen sowie Schlafstörungen und/oder extreme Müdigkeit hervorrufen oder zumindest begünstigen.

Ausblick

Durch Chakra-Balance können Sie dazu beitragen, dass viele körperliche Beschwerden gar nicht erst in Erscheinung treten oder dass diese, falls es schon zu spät ist, deutlich gelindert werden. Die harmonisierenden Anwendungen aus dem Bereich der Naturheilkunde lösen Blockaden auf sanfte Weise auf. Dies werden Sie daran bemerken, dass Ihr ganzes Potenzial nach und nach zum Leben erwacht. Dazu gehört, dass Sie sich immer mehr als lebendiger Teil des Universums spüren können – ein Lebensgefühl, bei dem Ängste, Sorgen oder Erschöpfung Sie nicht mehr so leicht quälen werden.
Wenn Sie zum Chakra-Typ »die Weise« gehören, besteht eine wichtige Aufgabe für Sie darin, Ihre Verbindung nach innen zu pflegen und sich regelmäßig Zeit zu nehmen, um in die Stille zu gehen und ganz bei sich anzukommen. Doch lassen Sie andererseits auch die Lebensfreude nicht zu kurz kommen – sowohl »Himmel« als auch »Erde« haben ihre Berechtigung, und nur wenn Sie beide Pole ausleben, können Sie wahre Spiritualität erfahren. Kümmern Sie sich daher nicht nur um Ihre meditative, sondern auch um Ihre sinnliche und kreative Seite, denn nur so werden Sie tiefe Befriedigung erfahren und Ihre Möglichkeiten ausschöpfen können.
Die Suche nach dem »Woher« und »Wohin«, der Wunsch, sich selbst zu verwirklichen, und die Sehnsucht nach tiefer Er-

kenntnis, Erleuchtung oder Verbindung mit dem Göttlichen machen es manchmal nötig, sich eine Zeit lang in sich selbst zurückzuziehen. Religionen und Rituale können hierbei eine wertvolle Hilfe sein und Sie dabei unterstützen, Ihr Bewusstsein zu entwickeln und inneren Frieden zu finden.
Letzten Endes wird es für Sie aber immer wichtiger werden, den Zustand von Harmonie und Glückseligkeit auch mitten im Alltag aufrechtzuerhalten und zu genießen. Dazu ist es nötig, eine felsenfeste Gelassenheit zu entwickeln, die auch in Augenblicken, in denen das Chaos herrscht, nicht zusammenbricht. Haben Sie einmal den tiefen Frieden entdeckt, zu dem Sie potenziell fähig sind, wird es Ihnen jedoch leicht fallen, diesen auch im Alltag zu pflegen.

Rezepte und Anwendungen zur Harmonisierung Ihrer Chakra-Energie

Nachdem Sie nun einiges über die Chakras wissen und wahrscheinlich auch herausgefunden haben, zu welchem Chakra-Typ Sie gehören, geht es nun um die Praxis, denn wie heißt es so schön: »Ein Gramm Praxis wiegt mehr als eine Tonne Theorie.« (Swami Sivananda)
Um Ihnen den Einstieg in die Praxis so einfach wie möglich zu machen, werden Sie nun zahlreiche Heilmittel aus dem Bereich der alternativen Heilkunde kennen lernen. Durch den Einsatz der genannten Mittel können Sie sehr viel für sich tun, denn diese beeinflussen und harmonisieren:

- Ihre Gesundheit
- Ihr Aussehen
- Ihr Wohlbefinden
- Ihre seelische Ausgeglichenheit
- den Energiestrom in Ihrem Feinstoffleib
- die Aktivität Ihrer Chakras

Neben den jeweiligen Beschreibungen werden Sie im Folgenden immer wieder auf die »Chakra-Grafik« stoßen. Diese kleine Tabelle ermöglicht es Ihnen, auf einen Blick herauszufinden, ob und inwiefern das jeweils besprochene Mittel zu Ihrem Chakra-Typ passt.
Dazu ein Beispiel: Im Kapitel »Heilende Edelsteine« finden Sie beispielsweise den »Aquamarin«. Neben einigen allgemeinen Infos sind in diesem Abschnitt bestimmte Wirkungen des Steins auf Körper und Seele besprochen. Anschließend finden Sie folgende Grafik:

Chakra-dominanz	Chakra-Typ	weniger hilfreich	hilfreich	sehr hilfreich
7. Chakra	Weise			
6. Chakra	Intuitive			
5. Chakra	Erfolgreiche			
4. Chakra	Liebende			
3. Chakra	Gefühlvolle			
2. Chakra	Kreative			
1. Chakra	Naturverbundene			

Aus der Grafik können Sie sofort sehen, dass der Aquamarin für Sie sehr hilfreich ist, wenn Sie zum 5. oder zum 6. Chakra-Typ gehören. In diesen Fällen trägt der Heilstein also stark dazu bei, Ihr dominantes Chakra zu harmonisieren. Doch auch wenn Ihr 2. Chakra dominant ist (»die Kreative«) oder Ihr 7. Chakra (»die Weise«), können Sie durchaus von diesem Stein profitieren. Lediglich für die Chakra-Typen 1, 3 oder 4 ist der Aquamarin nicht in besonderem Maße hilfreich – zumindest nicht auf Chakra-Ebene. Das heißt allerdings nicht, dass er deshalb ganz wirkungslos oder gar schädlich wäre.

Der erste Schritt besteht also darin, sich einfach an der Chakra-Grafik zu orientieren. Für den zweiten Schritt ist es dann wichtig, auch die beschriebenen Anwendungsgebiete, die sich etwa auf Erfahrungen aus der Aroma-, Bachblüten-,

Edelstein- oder Farbtherapie beziehen, zu berücksichtigen und so das optimal passende Mittel zu finden.

Tipps für die Praxis

Die folgenden Aufzählungen sanfter Balance-Mittel erheben keinen Anspruch auf Vollständigkeit. Sie bieten Ihnen jedoch eine gute Basis, um mit Ihren Chakras zu arbeiten. Im letzten Hauptkapitel folgen noch einige Programmvorschläge für jeden Chakra-Typ – doch Sie brauchen natürlich nicht gleich ein ganzes Programm durchzuführen. Stattdessen können Sie auch einzelne Mittel wählen, die laut Grafik zu Ihrem Chakra-Typ passen und zu denen Sie sich intuitiv hingezogen fühlen.
Experimentieren Sie beispielsweise ruhig einmal ein oder zwei Wochen lang mit einem einzelnen Aromaöl oder einer speziellen Bachblüte. Oder harmonisieren Sie Ihren Energiefluss in den Chakras, indem Sie über längere Zeit mit den Farben arbeiten, die für Ihren Chakra-Typ optimal sind.
Die folgenden Zuordnungen sollen Ihnen in erste Linie als Hilfestellung dienen und Ihnen zeitaufwändige Umwege ersparen. Allerdings bleibt Ihnen die geistige Arbeit nicht erspart, die darin besteht, sich für das (oder die) Mittel Ihrer Wahl zu öffnen und dann genau zu beobachten, was passiert.
Auch wenn schnelle Erfolge vorkommen, sollten Sie jede Eile nach Möglichkeit vermeiden. Wenn Sie sich für ein bestimmtes ätherisches Öl, einen Heilstein oder eine Heilpflanze entschieden haben, sollten Sie daher eine Weile dabei bleiben – mindestens eine Woche, besser zwei bis drei. Sie brauchen diese Zeit, um Veränderungen Ihrer Einstellung, Ihres Gesundheitszustands, Ihres Wohlbefindens und erst recht in Ihrer persönlichen Entwicklung wahrnehmen zu können.
Die Harmonisierung der Chakras ist ein Prozess, der nicht in ein paar Tagen abgeschlossen ist. Lassen Sie sich Zeit.

Und nehmen Sie sich jede Freiheit auszuprobieren, was Ihnen gut tut. Sie merken, dass Sie auf dem richtigen Weg sind, wenn es Ihnen von Tag zu Tag besser geht – sowohl körperlich als auch seelisch und geistig. Bleiben Sie flexibel: Wenn Sie nicht das Gefühl haben, sich in eine gute Richtung zu entwickeln, dann sollten Sie einfach andere Mittel ausprobieren. Chakra-Balance ist schließlich nicht zuletzt auch ein Weg zu mehr Sensibilität und einer besseren Körperintelligenz – beides Faktoren, die sich aber nur in der Praxis entwickeln.

Heilpflanzen und Kräuter

Das Wissen um die Heilkraft der Pflanzen ist so alt wie die Geschichte der Menschheit. Pflanzen waren die ersten Heilmittel des Menschen, und es gibt keine Kultur, die ihre Verwendung nicht kennt. Auch heute noch, in den Zeiten der Schulmedizin und ihrer hochwirksamen Medikamente, ist die sanfte Pflanzenheilkunde wegen ihrer großen Wirksamkeit sehr gefragt.

Die Verwendung von Heilpflanzen ist für viele Naturvölker nach wie vor die wichtigste Heilmethode, und sie ist in praktisch allen schamanistischen Traditionen enthalten. Die ältesten schriftlichen Zeugnisse für die Verwendung von Heilpflanzen sind aus den frühen Kulturen Ägyptens, Indiens und Chinas bekannt.

Die Ursprünge der modernen Pflanzenheilkunde sind in der Antike zu suchen, als große Ärzte und Gelehrte wie Hippokrates, Dioskurides und Galen in ihren Werken die Heilkraft vieler verschiedener Pflanzen beschrieben. Später entwickelten sich die christlichen Klöster mit ihren Kräutergärten zu wichtigen Zentren der Pflanzenheilkunde. Die heute bekannteste Vertreterin dieser Klosterheilkunde ist Hildegard von

Bingen. Die Pflanzenkunde war jedoch immer auch Teil der traditionellen Volksmedizin, und viele Anwendungen wurden über lange Zeit vor allem mündlich überliefert.
Die Pflanzenheilkunde beruht zum größten Teil auf der genauen Kenntnis der Pflanzen und der Beobachtung ihrer Wirkungen auf bestimmte Leiden sowie auf der genauen Weitergabe der so gewonnenen Erkenntnisse. Durch die Arbeit von Generationen von heilkundigen Menschen sind die Wirkungen der verschiedenen Pflanzen sehr gut bekannt, sodass man gezielt das richtige Heilmittel für die verschiedensten Erkrankungen wählen kann.

Ganzheitliche Wirkungen der Pflanzenheilkunde

Heute ist die Wirksamkeit zahlreicher Heilpflanzen auch wissenschaftlich bestätigt, und es wurden viele verschiedene Wirkstoffe aus ihnen isoliert und untersucht. Häufig erzielen diese Substanzen allerdings in ihrer natürlichen Kombination mit anderen – zum Beispiel in einer bestimmten Pflanze – eine viel größere Wirkung, als wenn sie einzeln verwendet werden.
Die heilende Wirkung der Pflanzen beruht unter anderem auf Bitterstoffen, Gerbstoffen, Alkaloiden, ätherischen Ölen, Flavonoiden und Glykosiden. Sie verursachen primär Wirkungen der Heilpflanzen auf den Organismus. Je nachdem, welche Wirkstoffe in einer Pflanze enthalten sind, kann sie unter anderem schleimlösend oder desinfizierend wirken, Entzündungen hemmen, den Blutdruck regulieren oder Husten lindern. Diese Wirkungen beziehen sich meist vor allem auf bestimmte Körperorgane, sodass viele Pflanzen beispielsweise die Tätigkeit des Herzens, der Nieren oder der Verdauungsorgane besonders fördern.
Neben dieser körperlichen Wirkung haben Heilpflanzen auch einen großen Einfluss auf die Seele. Manche Pflanzen werden vor allem wegen ihrer seelischen Wirkung verwendet, die

unter anderem beruhigend, schlaffördernd, stimmungsaufhellend oder aktivierend sein kann. Bei anderen Pflanzen ist der Einfluss auf die Seele weniger stark ausgeprägt, aber auf subtile Weise trägt er immer dazu bei, das Wohlergehen zu steigern.

Da die Wirkung der Heilpflanzen meistens direkt beobachtet werden kann, wird ihre Auswirkung auf feinstofflicher Ebene dagegen häufig übersehen. Heilpflanzen haben die Fähigkeit, das energetische Gleichgewicht des Menschen zu beeinflussen, und sie wirken sich somit auch auf die Chakras aus. Dabei harmonisieren sie vor allem den Energiefluss in bestimmten Chakras und lösen eventuelle Blockaden auf.

Letztlich beruht die überragende Heilkraft der Pflanzen darauf, dass sie auf körperlicher, seelischer und feinstofflicher Ebene so gut zusammenwirken. So heilen sie nicht nur die verschiedenen körperlichen oder seelischen Symptome einer Gesundheitsstörung, sondern auch deren Ursachen im seelischen oder feinstofflichen Bereich – die Pflanzenheilkunde ist somit im wahrsten Sinne des Wortes eine ganzheitliche Heilmethode.

Ausgewählte Heilpflanzen und ihre Wirkungen

Im Folgenden finden Sie eine Aufzählung von Kräutern und Heilpflanzen, die bei der Harmonisierung der Chakras besonders hilfreich sein können. Viele dieser Pflanzen werden Sie gut kennen, andere gehören nicht unbedingt zur typischen Ausstattung einer Hausapotheke. Jedoch können Sie alle genannten Pflanzen über Apotheken und die meisten von ihnen auch in Naturkostläden beziehen.

Heilpflanzen sind keine »Genussmittel«, sondern Träger hoch wirksamer Substanzen. Daher ist bei der Anwendung immer auf die Dosierung zu achten, die auf der Packung angegeben sein sollte. Im Zweifelsfall sollten Sie sich bei Ihrem Apotheker oder einem Heilpraktiker erkundigen, denn die Devise

»viel hilft viel« trifft auf den Einsatz von Naturheilmitteln ganz und gar nicht zu. Im Gegenteil. Gerade wenn es Ihnen darum geht, subtile Energien auf der Ebene der Chakras ins Gleichgewicht zu bringen, reichen oft kleinste Mengen aus – dosieren Sie Heilpflanzen daher immer sparsam.

Baldrian – Valeriana officinalis L.

Die Verwendung von Baldrian als Heilpflanze war schon in der Antike weit verbreitet, und er spielt seit jeher eine wichtige Rolle in der Volksmedizin. Baldrian enthält verschiedene Alkaloide, ätherisches Öl sowie Valerensäure.
Die Wirksamkeit von Baldrian als natürliche Einschlafhilfe und sanftes Beruhigungsmittel ist heute weithin bekannt. Besonders bei großer Nervosität und unruhigen Erschöpfungszuständen ist Baldrian sehr empfehlenswert. Da er nicht nur die Nerven beruhigt, sondern auch krampflösend wirkt, eignet er sich außerdem zur Linderung krampfhafter Kopf- und Magenschmerzen.
Vor allem nach starken seelischen Belastungen und bei großer innerer Anspannung ist Baldrian ideal, um Ruhe und Entspannung zu finden und neue Kraft zu schöpfen. Baldrian eignet sich außerdem sehr gut zur Harmonisierung des 1. Chakras. Baldrianwurzeln werden getrocknet und zerkleinert zur Zubereitung von Tee oder Bädern verwendet. Außerdem ist Baldrian als Fertigpräparat in Kapselform sowie als Tinktur erhältlich.

Brennnessel – Urtica dioica L.

Die Brennnessel war schon im Altertum als Heilpflanze beliebt. Sowohl Hildegard von Bingen als auch Hippokrates empfahlen sie bei verschiedenen Beschwerden. Neben Vitamin C und Karotinoiden enthält die Brennnessel auch Eisen, Gerbstoffe und Kieselsäure.
Brennnessel wird heute wegen ihrer ausscheidungsfördernden und entgiftenden Wirkung vor allem bei Harnwegsentzündungen und Blasenschwäche eingesetzt. Die Pflanze hilft aber auch gegen Allergien, Blutarmut oder Magenleiden. Außerdem kann sie rheumatische Erkrankungen und insbesondere Gicht lindern.
Brennnessel wirkt nicht nur auf körperlicher, sondern auch auf seelischer Ebene entgiftend. Sie befreit von belastenden Schlacken ebenso wie von beunruhigenden Gedanken und Sorgen. Dabei gleicht die Brennnessel auf sehr wirkungsvolle Weise die Energien des 2. und 7. Chakras aus. Die frischen oder getrockneten Blätter der Brennnessel werden vor allem in Form von Tee, aber auch als Tinktur oder in Bädern eingesetzt.

Fenchel – Foeniculum vulgare Mill.

Fenchel war schon in der Antike eine beliebte Heil- und Gewürzpflanze, und auch Hildegard von Bingen empfahl ihn

bei verschiedensten Beschwerden. Neben Bitterstoffen und Gerbstoffen ist sein wichtigster Inhaltsstoff das Anethol.
Fenchel wird heute häufig bei Verdauungsbeschwerden eingesetzt, weil er mit seiner milden Wirkung sogar von Kindern gut vertragen wird. Er regt die Verdauungssäfte an und ist vor allem bei Durchfallerkrankungen und Darmparasiten sehr hilfreich. Außerdem wirkt er entzündungshemmend und eignet sich gut zur Behandlung von Husten und von Erkältungskrankheiten.
Auf seelischer Ebene hat Fenchel einen sehr klärenden Einfluss. Er unterstützt Einsicht und Verständnis und hilft bei der Auflösung von Blockaden und verwirrenden Gefühlen. Die energetischen Wirkungen der Pflanze eignen sich sehr gut, um das 3. Chakra ins Gleichgewicht zu bringen. Blätter und Samen des Fenchels werden vorwiegend zur Zubereitung von Tee oder als Gewürz verwendet. Die Samen kann man auch direkt kauen, um die Verdauung zu fördern.

Guarana – Paulliania cupana

Guarana wird aus den Samen eines im Amazonasgebiet heimischen Seifenbaumgewächses gewonnen und seit jeher von indianischen Völkern als Genuss- und Heilmittel verwendet. Als Wirkstoff enthält es vor allem einen sehr hohen Anteil an Koffein.
In seinem Ursprungsgebiet wird Guarana unter anderem bei

der Behandlung von Darmerkrankungen, als Aufputschmittel und Nahrungsersatz verwendet. In Europa hat es sich dagegen vor allem als schneller Energiespender bewährt und wird häufig anstelle von Kaffee eingenommen. Guarana eignet sich gut zur Bekämpfung von Müdigkeitsanfällen und akuten Erschöpfungszuständen.
Auch auf seelischer Ebene hat Guarana eine stark anregende Wirkung. Es verleiht schnell neue Energie und steigert die Antriebskraft, daher hilft es auch gut dabei, gelegentliche seelische Tiefphasen rasch zu überwinden.
Guarana ist meist nur als Fertigpräparat in Form von Kapseln, Dragees, Pulver oder Tabletten erhältlich – es gibt ebenfalls auch Müsliriegel und Getränke mit einem hohen Anteil an Guarana. Doch Vorsicht: In hohen Dosen ruft Guarana Nervosität und Schlafstörungen hervor, bleiben Sie möglichst unter der auf der Packung angegebenen Dosierungsempfehlung.

Hagebutte – Rosa canina L.

Als Hagebutten werden die Früchte verschiedener Rosensorten bezeichnet. Die wichtigste Heilwirkung haben dabei die Hagebutten der Wildrose, die schon früh wegen ihrer Heilwirkung sehr geschätzt wurden. Hagebutten enthalten ausgesprochen viel Vitamin C aber auch Vitamin A, Gerbstoffe und Pektin.

Durch ihren großen Vitamin C-Gehalt wird die Hagebutte heute oft dazu verwendet, die Abwehrkräfte zu steigern. Vor allem bei Erkältungskrankheiten und grippalen Infekten ist sie sehr hilfreich, da Vitamin C in Verbindung mit den übrigen Wirkstoffen der Hagebutte besonders gut aufgenommen wird. Sie eignet sich jedoch auch sehr gut zur Vorbeugung in Zeiten mit erhöhtem Infektionsrisiko.
Auf seelischer Ebene hat die Hagebutte eine sehr stärkende Wirkung: Sie verleiht immer noch neue Kraft und Durchhaltevermögen, wenn man sich schon an den Grenzen seiner Belastbarkeit angekommen glaubt. Die Hagebutte hat eine sehr ausgleichende Wirkung auf das 1., 4. und 7. Chakra. Hagebutten werden meist als Tee zubereitet. Man kann sie jedoch auch als Wein ansetzen oder Fruchtmus daraus zubereiten.

Hopfen – Humulus lupulus

Die heilsame Wirkung des Hopfens war schon in der Antike bekannt, bevor Hildegard von Bingen ihn als Beruhigungsmittel empfahl. Hopfen enthält verschiedene Bitterstoffe wie das Lupulin, Methylbutenol und außerdem Harze und Gerbstoffe.
Das wichtigste Anwendungsgebiet von Hopfen ist aufgrund seiner stark beruhigenden Wirkung die Behandlung von Schlafstörungen und nervösen Erregungszuständen. Darü-

ber hinaus fördert er die Tätigkeit von Nieren und Blase und lindert Verdauungsbeschwerden. Hopfen kann außerdem zur Haarpflege verwendet werden.
Die beruhigende Wirkung des Hopfens ist auch auf seelischer Ebene von großer Bedeutung. Er schenkt innere Ruhe und Ausgeglichenheit und beseitigt nervöse Anspannung und die Auswirkungen von Stress. Hopfen wird in Form von Tee verwendet, der aus den Hopfendolden gewonnen wird. Den Tee kann man auch als Haarspülung oder zur Zubereitung von Shampoo benutzen.

Huflattich – Tussilago farfara L.

Die große Bedeutung des Huflattichs als Hustenmittel spiegelt sich in seinem lateinischen Namen wider (»tussis« = Husten) und machte ihn seit jeher zu einer wichtigen Heilpflanze. Huflattich enthält viele verschiedene Wirkstoffe, unter anderem Bitterstoffe, Schleimstoffe, Phytosterin und Glykoside.
Die schleimlösende, entkrampfende und entzündungshemmende Wirkung macht Huflattich zu einem idealen Heilmittel bei allen Erkrankungen der Atemwege und insbesondere bei Husten. Auch bei chronischen Katarrhen und zähem, festsitzendem Husten ist er sehr wirksam und wurde dafür unter anderem von Kneipp sehr empfohlen.
Huflattich hat auch auf seelischer Ebene eine befreiende Wir-

kung, allerdings bezieht sie sich hier vor allem auf festgefahrene Überzeugungen und starre Denkmuster. Huflattich fördert die Flexibilität und die Fähigkeit, sich auf veränderte Umstände einzustellen. Besonders das 4. und 7. Chakra profitieren sehr von seiner ausgleichenden Wirkung. Huflattich wird vor allem als Tee aus den getrockneten und frischen Blättern oder Blüten eingenommen oder als Gurgellösung verwendet.

Johanniskraut – Hypericum perforatum L.

Johanniskraut ist in Süd- und Mitteleuropa weit verbreitet und wurde schon von Hippokrates und Paracelsus wegen seiner Heilkraft hoch geschätzt. Es enthält Hypericin, Hyperforin, verschiedene Gerbstoffe und Flavonoide sowie ätherische Öle.

Johanniskraut hatte lange Zeit eine große Bedeutung bei der Behandlung von Verletzungen und Verbrennungen, heute wird es jedoch vorwiegend als natürliches Antidepressivum verwendet. Es lindert körperliche Stresssymptome und insbesondere nervöse Magenbeschwerden ebenso erfolgreich wie Schlafstörungen.

Auf seelischer Ebene ist das Johanniskraut wegen seiner stimmungsaufhellenden und antidepressiven Wirkung eine sehr wichtige Heilpflanze. Seine Wirksamkeit wird dadurch ergänzt, dass es nicht nur Nervosität und Ängstlichkeit auflöst, sondern auch innere Ruhe und Wohlbefinden spendet.

Johanniskraut hat auf alle Chakras, in besonderem Maße aber auf das 6. Chakra einen harmonisierenden Einfluss. Blüten und Blätter des Johanniskrauts werden zur Zubereitung von Tee verwendet, es gibt jedoch auch eine Vielzahl fertiger Präparate in Form von Kapseln, Dragees, Tropfen oder Presssaft, oft mit standardisiertem Wirkstoffgehalt.

Kamille – Matricaria chamomilla L.

Die große Heilkraft der Kamille wurde schon in vielen wissenschaftlichen Studien bestätigt. In der Antike und im Mittelalter wurde sie oft bei Frauenleiden und Wochenbetterkrankungen empfohlen. Zu ihren Wirkstoffen zählen Bisabolol, Chamazulen, Cumarin, Bitterstoffe und Flavonoide.
Kamille wirkt ausgesprochen entzündungshemmend, desinfizierend und krampflösend. Sie wird heute zur Behandlung von Magenbeschwerden ebenso eingesetzt wie bei Entzündungen im Mund- und Rachenbereich und bei Erkältungskrankheiten. Äußerlich kann Kamille Entzündungen und kleinere Hautverletzungen schnell abklingen lassen.
Kamille wirkt auf seelischer Ebene sehr beruhigend, sie besänftigt Ängste und Sorgen und erleichtert das Entspannen. Besonders bei starkem Stress hilft Kamille dabei, das innere Gleichgewicht nicht zu verlieren. Auf feinstofflicher Ebene harmonisiert sie sehr sanft das 3. Chakra.
Die Heilkraft der Kamille ist in ihren Blütenköpfen konzent-

riert, die als Tee aufgegossen werden. Man kann außerdem Bäder, Inhalationen und Auszüge für Umschläge aus ihnen herstellen.

Kava Kava – Piper methysticum

Die Kavapflanze ist in den Subtropen heimisch und spielt dort in der Kultur verschiedener Völker seit jeher eine große Rolle. Kava Kava enthält neben Flavonoiden und ätherischen Ölen ebenfalls Kavapyrone, die sich aus Enoliden und Dienoliden zusammensetzen.
Auf körperlicher Ebene hat Kava Kava eine stark entspannende und krampflösende Wirkung, daher wird es gelegentlich gegen Muskelverspannungen und Menstruationsbeschwerden eingesetzt. Weitaus wichtiger ist jedoch die seelische Wirkung der Pflanze. Studien haben nachgewiesen, dass Kava Kava bei nervösen Beschwerden, innerer Unruhe und Angstzuständen eine ausgesprochen positive, beruhigende Wirkung hat. Es wärmt die Seele und sorgt für eine heitere, gelassene Stimmung. Daher fördert Kava Kava auch die Kommunikation mit anderen Menschen, denen man sich somit viel leichter öffnen kann.
Kava Kava ist in Europa meist nur als Fertigpräparat erhältlich. Zur Wahl stehen Dragees, Kapseln oder Tabletten, die oft einen standardisierten Wirkstoffgehalt haben und in der Apotheke verkauft werden.

Löwenzahn – Taraxacum officinale

Der Löwenzahn enthält neben vielen Vitaminen und Gerbstoff auch Cholin, Inulin und verschiedene Bitterstoffe wie Taraxin. Er eignet sich sehr gut zur Blutreinigung, insbesondere in Form einer Frühjahrskur. Er besitzt eine deutlich wasser- und gallentreibende Wirkung und hilft bei Verdauungsbeschwerden. Darüber hinaus unterstützt Löwenzahn die Leberfunktion, lindert Leberleiden und regt den Appetit an. Löwenzahn eignet sich hervorragend dafür, die Lebensgeister zu wecken und auf seelischer Ebene neue Kraft zu schöpfen. Er stärkt insbesondere die Widerstandskraft gegen Stress und wirkt sich besänftigend auf negative Gefühle aus. Löwenzahn eignet sich sehr gut für die Einnahme als Presssaft aus Wurzeln und Blättern oder als Tee. Im Frühjahr können junge Löwenzahnblätter auch als Salat genossen werden.

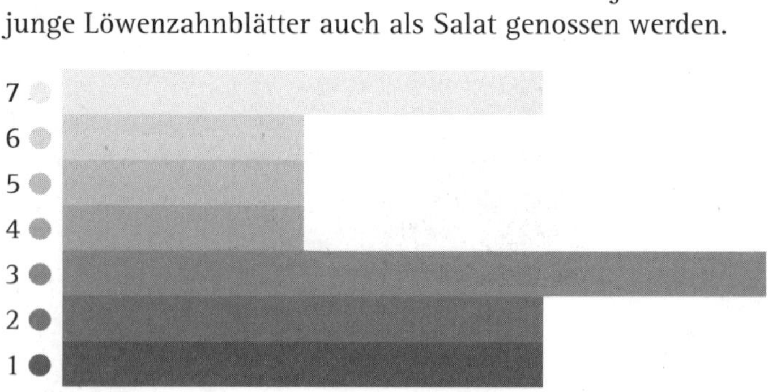

Melisse – Melissa officinalis L.

Die wegen ihres Duftes oft auch als Zitronenmelisse bezeichnete Melisse wurde im Mittelmeergebiet schon in der Antike als Heil- und Gewürzpflanze kultiviert. Sie enthält Gerb- und Bitterstoffe und verschiedene Terpene wie Citral, Citronellal und Linalool.

Melisse wird vor allem bei nervösen Magen- und Verdauungsstörungen sowie zur Behandlung von Schlafstörungen und als Einschlafhilfe eingesetzt. Ihre beruhigende Wirkung ist jedoch bei allen Beschwerden sehr wohltuend, die durch psychische Belastungen und Stress ausgelöst werden, beispielsweise auch bei nervösen Herzleiden, Erschöpfungszuständen oder Migräne.

Auch auf seelischer Ebene wirkt die Melisse sehr beruhigend. Gleichzeitig ist sie sehr erfrischend und belebend und vertreibt Niedergeschlagenheit und Traurigkeit, vor allem wenn diese durch starke seelische Belastungen hervorgerufen wurden. Die energetischen Wirkungen der Pflanze eignen sich sehr gut, um das 4. Chakra ins Gleichgewicht zu bringen. Die frischen oder getrockneten Blätter der Melisse werden meist für Tee verwendet – sie entfaltet ihre Wirkung jedoch auch sehr gut im bekannten und im Handel erhältlichen Melissengeist.

Pfefferminze – Mentha piperita

Die besonders wirkstoffreiche Pfefferminze ist eigentlich eine Kreuzung zwischen der als Gewürz verbreiteten Grünen Minze (Mentha spicata) und der wild wachsenden Wasserminze (Mentha aquatica). Sie enthält sehr viel ätherisches Öl mit hohem Mentholgehalt sowie Bitterstoffe und Gerbstoffe. Menthol kann seine entzündungshemmende und antiseptische Wirkung in Verbindung mit den anderen Bestandteilen der Pfefferminze hervorragend entfalten. Pfefferminze hat eine sehr günstige Wirkung bei Gallenleiden und Magen-Darm-Beschwerden und steigert die Gallensekretion. Sie wirkt jedoch auch krampflösend und belebend und kann sowohl bei Kopfschmerzen als auch bei Schwächeanfällen helfen.

Pfefferminze spendet neue Kraft und Energie, wenn man das Gefühl hat, eine schwierige Situation nicht mehr ertragen zu können. Sie hilft dabei, die nötigen Veränderungen herbeizuführen. Auf feinstofflicher Ebene profitiert vor allem das 5. Chakra von ihrer ausgleichenden Wirkung.

Aus dem frischen oder getrockneten Kraut der Pfefferminze wird ein sehr wohlschmeckender Tee zubereitet, den man warm oder kalt trinken kann.

Salbei – Salvia officinalis L.

Die botanische Bezeichnung Salvia stammt vom lateinischen Verb »salvare« (retten, heilen) und gibt die große Wertschätzung dieser Heilpflanze in der Antike wieder. Salbei enthält viele Bitterstoffe, Gerbstoffe und Terpene wie Thujon, Eucalyptol und Kampfer.

Salbei wird heute meist zur Bekämpfung von Entzündungen im Mund- und Rachenraum verwendet, da er entzündungshemmend, desinfizierend und schleimlösend wirkt. Er hilft auch sehr gut bei Entzündungen der Mandeln und bei Halsschmerzen und Heiserkeit. Darüber hinaus kann er nächtliche Schweißausbrüche lindern und wirkt sanft entschlackend.

Salbei hat eine wärmende und leicht anregende Wirkung auf die Seele und fördert die innere Ausgeglichenheit. Außerdem ist er ein gutes Heilmittel bei nervöser Anspannung und geistiger Erschöpfung. Salbei eignet sich besonders gut, wenn man die Energie des 5. Chakras harmonisieren möchte. Die frischen oder getrockneten Blätter der Salbeipflanze werden meist für Tee verwendet. Salbei ist jedoch auch als Gurgellösung, Tinktur oder in Bonbons erhältlich.

Schafgarbe – Achillea Millefolium L.

Die Schafgarbe verdankt ihre botanische Bezeichnung der griechischen Mythologie, in der sie wegen ihrer großen Heil-

wirkung verewigt wurde. Sie enthält unter anderem den Bitterstoff Achillein, Glykoside, Cineol und Chamazulen.
Schafgarbe wird traditionell als Heilmittel bei Unterleibsbeschwerden und vor allem bei Frauenleiden angewendet. Sie gleicht die Tätigkeit von Nieren und Blase aus und hilft durch ihre krampflösende Wirkung sehr gut gegen Menstruationsbeschwerden. Darüber hinaus regt die Schafgarbe die Magen- und Gallensekretion an und unterstützt die Wundheilung.
Auf seelischer Ebene eignet sich die Schafgarbe gut zur Überwindung von depressiven Verstimmungen und Lebenskrisen. Sie verleiht neue Hoffnung, stärkt das Urvertrauen und regt die Kreativität an. Das 2. Chakra lässt sich sehr gut mit Hilfe dieser Heilpflanze harmonisieren.
Aus dem frischen oder getrockneten Kraut und den Blüten der Schafgarbe wird meist Tee zubereitet, sie eignen sich jedoch auch für Bäder, Sitzbäder und Auszüge für Umschläge. Außerdem ist Schafgarbe als Presssaft erhältlich.

Thymian – Thymus vulgaris

Thymian wurde schon im alten Ägypten zum Einbalsamieren aber auch als Heilpflanze verwendet. Neben dem echten Thymian werden auch andere Thymianarten wie Feldthymian (Thymus serpyllum) mit sehr ähnlicher Wirkung verwendet. Thymian enthält vor allem Thymol, Cymol und Gerbstoff.

Thymian wird wegen seiner stark desinfizierenden, schleimlösenden und beruhigenden Eigenschaften vor allem bei allen Formen von Husten und Bronchitis eingesetzt sowie zum Gurgeln bei Entzündungen im Mund- und Rachenraum. Er hat jedoch auch eine sehr stärkende Wirkung auf den Magen und kann somit eine Vielzahl von Magenbeschwerden lindern.
Auf seelischer Ebene hat Thymian eine besonders energiespendende Wirkung. Er stärkt die Widerstandskraft gegen belastende Einflüsse und löst negative Gedanken und unnötige Sorgen auf. Thymian löst außerdem Blockaden des 3., 4. sowie 5. Chakras und eignet sich sehr gut zu deren Harmonisierung.
Die Verwendung von Thymian erfolgt meist als Tee aus dem frischen oder getrockneten blühenden Kraut, er kann seine Wirkung aber auch gut in Bädern, Gurgellösungen oder als Thymiansirup entfalten.

Weißdorn – Crataegus oxyacantha L.

Der Weißdorn verdankt seinen Namen seinen weißen Blüten und seinen vielen Dornen. Er ist vor allem im nördlichen Europa weit verbreitet. Weißdorn enthält viele hochwirksame Inhaltsstoffe, darunter Flavone, Flavonoide, Terpensäuren und Procyanidine.
Weißdorn hat eine große Bedeutung für die Vorbeugung und Heilung von Herzerkrankungen. Er lindert unter anderem

Herz- und Kreislaufschwäche, Herzrasen, Herzstechen oder Unregelmäßigkeiten im Puls. Außerdem hat er die Fähigkeit, sowohl zu hohen als auch zu niedrigen Blutdruck auszugleichen und den Allgemeinzustand des Herzens zu verbessern.
Weißdorn hat auf seelischer Ebene zwei wichtige Wirkungen: Er verleiht viel Mut und Entschlossenheit, aber fast noch wichtiger ist seine Eigenschaft, die Liebesfähigkeit zu stärken. Die energetischen Wirkungen der Pflanze sind ideal dazu geeignet, die Energie des 4. Chakras ins Gleichgewicht zu bringen.
Weißdorn kann verwendet werden, um aus den Blüten oder Blättern Tee herzustellen, es sind jedoch auch viele standardisierte Fertigpräparate in Form von Tropfen, Kapseln, Dragees oder Tabletten erhältlich.

Wohltuende Tees für jedes Chakra

Obwohl viele Menschen beim Wort »Tee« zuerst an schwarzen Tee denken, gibt es unzählige Pflanzen, aus denen durch einen Aufguss mit heißem Wasser wohlschmeckende Teesorten hergestellt werden können. Der Aufguss als Tee ist eine der am weitesten verbreiteten und auch ältesten Methoden, die heilende Kraft der Pflanzen zu nutzen.

Dabei ist Tee nicht nur gut für den Körper und seine Organe, die von den vielen Wirkstoffen der verschiedenen Tees profitieren. Der Genuss des richtigen Tees ist auch hervorragend dafür geeignet, den Zustand der Seele zu harmonisieren und damit in ganzheitlicher Weise die Gesundheit zu stärken. Nicht umsonst empfiehlt man bei Traurigkeit, Stress oder nach belastenden Ereignissen häufig zuerst einmal eine Tasse heißen Tee, um wieder zu Kräften zu kommen.
Verschiedene Tees haben dabei natürlich verschiedene Wirkungen auf Körper und Seele, sodass es praktisch für jede Gelegenheit den passenden Tee gibt. Darüber hinaus besitzen sie auch eine unterschiedlich starke Wirkung auf die verschiedenen Chakras. Es gibt sogar einige spezielle Tees, die Ihnen helfen können, Ihren Chakra-Typ zu harmonisieren, da sie die Energie in den entsprechenden Chakras sehr gut ausgleichen:

Lindenblütentee (1. Chakra)

Die Linde hatte schon für die Germanen eine wichtige mythologische Bedeutung. Die Blüten von Winterlinde (Tilia cordata) und Sommerlinde (Tilia platyphyllos) eignen sich wegen ihrer übereinstimmenden Wirkung gleich gut für die Zubereitung von Lindenblütentee.
Lindenblütentee ist von großer Bedeutung bei der Bekämpfung von grippalen Infekten und fieberhaften Erkältungskrankheiten. Am wichtigsten sind dabei seine schweißtreibende Wirkung und sein regulierender Einfluss auf die Körpertemperatur, der Fieber und Schüttelfrost zum Abklingen bringt. Darüber hinaus fördert Lindenblütentee die Entgiftung und Entschlackung des Körpers.
Auf seelischer Ebene ist vor allem die wärmende und aufbauende Wirkung des Lindenblütentees unbedingt zu erwähnen. Er steigert das seelische Wohlbefinden und das Vertrauen in die schützende Kraft der Natur. Lindenblütentee eignet

sich sehr gut, um den 1. Chakra-Typ, »die Naturverbundene«, energetisch auszugleichen, denn er stabilisiert und schenkt eine bessere Erdung.
Zur Zubereitung von Lindenblütentee gießen Sie 2 TL Lindenblüten pro Tasse mit kochendem Wasser auf und lassen sie 5 bis 10 Minuten lang zugedeckt ziehen. Nach dem Abseihen sollten Sie den Tee möglichst warm trinken. Er kann seine Wirkung am besten entfalten, wenn Sie ihn kurz vor dem Schlafengehen zu sich nehmen.

Lapachotee (2. Chakra)

Lapachotee wurde schon von den Inkas sehr geschätzt. Er wird aus der inneren Rinde des Baumes Tabebuia avellandedeae gewonnen, der im südamerikanischen Regenwald heimisch ist. Lapachotee enthält große Mengen an Mineralstoffen, Spurenelementen und Vitamin C. Der Tee ist ideal, wenn es darum geht, die Abwehrkräfte zu stärken. Außerdem hat er eine stark entgiftende sowie entschlackende Wirkung und gleicht den Säure-Basen-Haushalt des Körpers aus.
Lapachotee hat auf seelischer Ebene einen sehr harmonisierenden Einfluss. Er hilft dabei, sich von äußeren Umständen nicht zu stark belasten zu lassen und sich die Freude an den schönen Seiten des Lebens zu bewahren. Sein rundes, intensives Aroma und seine rötlichbraune Farbe regen die Sinne an, und er wirkt sehr ausgleichend auf den 2. Chakra-Typ, »die Kreative«, denn Lapachotee stärkt in jeder Hinsicht die Lebensfreude.
Vermeiden Sie bei der Zubereitung von Lapachotee alle Gefäße aus Aluminium. Lapachotee kann man gut für den ganzen Tag auf Vorrat zubereiten. Bringen Sie dafür einen halben Liter Wasser zum Kochen und geben Sie einen knappen EL Lapachorinde dazu. Lassen Sie den Tee noch 5 Minuten lang weiterkochen und danach 15 bis 20 Minuten lang ziehen, bevor Sie ihn abgießen. Am besten halten Sie ihn

in einer Thermoskanne warm und trinken ihn über den Tag verteilt. Ein halber Liter Lapachotee pro Tag ist ideal, damit er seine Wirkung entfalten kann – Sie können aber auch etwas mehr trinken.

Holundertee (3. Chakra)

Der Holunder wurde schon von Hippokrates als wichtige Heilpflanze geehrt, und seit jeher hat Holundertee, der aus den Blüten des Holunders zubereitet wird, in der Pflanzenheilkunde eine große Bedeutung. Als Wirkstoffe enthält er Glykoside, Flavonoide, Gerbstoff sowie ätherisches Öl.

Holundertee ist eines der wichtigsten natürlichen Heilmittel bei grippalen Infekten und fieberhaften Erkältungskrankheiten. Durch seine stark fiebersenkende und schweißtreibende Wirkung kann er dabei praktisch über Nacht für Besserung sorgen und den Krankheitsverlauf deutlich abmildern.

Holundertee hat einen sanft anregenden Einfluss auf die Seele. Wenn man sich niedergeschlagen oder traurig fühlt, hilft er dabei, sein Leben in die Hand zu nehmen und einfach selbst dafür zu sorgen, dass man wieder glücklich wird. Holundertee bringt Ruhe in aufgewühlte Emotionen und ist ideal, um die Energien des 3. Chakras zu harmonisieren, denn er passt mit seiner wärmenden und wohltuenden Wirkung gut zum Chakra-Typ »die Gefühlvolle«.

Holundertee genießt man am besten frisch zubereitet und schön heiß. Übergießen Sie pro Tasse 2 TL Holunderblüten mit kochendem Wasser und lassen Sie den Tee 10 Minuten lang zugedeckt ziehen, bevor Sie ihn abgießen. Es genügt, wenn Sie zwei Mal täglich eine Tasse davon trinken.

Rooibuschtee (4. Chakra)

Rooibuschtee stammt von einem in Südafrika heimischen Strauch und ist auch unter den Namen Rooibos oder Rotbusch bekannt. Rooibuschtee enthält viel Vitamin C und andere Vitamine, wichtige Mineralstoffe wie Eisen, Zink und Magnesium, Gerbstoffe und Quercetin.

Rooibuschtee ist sehr gut verträglich und eignet sich auch bei empfindlichem Magen gut als Haustee. Er stärkt das Immunsystem und ist vor allem im Winter ideal, um den Körper mit Vitaminen zu versorgen. Außerdem kann er Schlafstörungen lindern und das Einschlafen erleichtern.

Rooibuschtee hat auf seelischer Ebene eine sehr beruhigende Wirkung. Er ist leicht stimmungsaufhellend und eignet sich gut dafür, Niedergeschlagenheit, Traurigkeit oder Stimmungsschwankungen zu bekämpfen. Darüber hinaus schenkt er innere Ruhe und fördert das Verständnis für andere Menschen und ihre Eigenheiten. Rooibuschtee harmonisiert die Seele und gleicht auf ideale Weise die Energie des 4. Chakra-Typs der Liebenden aus.

Um Rooibuschtee zuzubereiten, übergießen Sie knapp 1 TL Rooibusch pro Tasse mit kochendem Wasser und lassen ihn 3 bis 5 Minuten lang ziehen, bevor Sie ihn abgießen. Damit er seine Wirkung entfalten kann, sollten Sie mindestens drei Tassen pro Tag trinken. Rooibuschtee ist in vielen Geschmacksrichtungen erhältlich. Sie sollten beim Kauf aber darauf achten, dass er nur mit natürlichen Blüten, Früchten oder Kräutern aromatisiert ist und keine künstlichen Aromen enthält.

Grüner Tee (5. Chakra)

In China wird der Grüne Tee schon seit Jahrtausenden wegen seiner positiven Wirkungen auf Körper und Seele hoch geschätzt. Grüner Tee enthält viele Mineralstoffe und Spurenelemente, Vitamine, Flavonoide und Gerbstoffe.

Die körperlichen Auswirkungen des Grünen Tees sind sehr vielfältig: Er stärkt die Abwehrkräfte, unterstützt die Verdauung, schützt Magen und Darm vor Erkrankungen und regt Herz und Kreislauf an. Grüner Tee hat zwar wie schwarzer Tee oder Kaffee eine anregende Wirkung, ist aber viel milder und wird von Magen und Kreislauf besser vertragen.
Auch auf seelischer Ebene hat grüner Tee eine sanft anregende Wirkung. Er eignet sich hervorragend dafür, geistige Erschöpfung und Müdigkeitsanfälle zu bekämpfen. Außerdem verleiht er neue Energie und harmonisiert Geist und Seele. Er fördert sowohl die Konzentration als auch die Klarheit im Denken und hat eine sehr positive Wirkung auf den 5. Chakra-Typ, »die Erfolgreiche«, denn es sind hauptsächlich Menschen, die viel erreichen wollen.
Grüner Tee muss richtig zubereitet werden, damit er nicht bitter schmeckt. Verwenden Sie nie mehr als einen halben TL pro Tasse oder 2 bis 3 TL für eine große Teekanne und lassen Sie das Wasser nach dem Aufkochen 5 bis 10 Minuten lang abkühlen, bevor Sie den Tee aufgießen. Der Tee sollte nur 1 bis 2 Minuten lang ziehen, bevor er abgegossen wird. Später können Sie die Teeblätter noch ein zweites Mal aufgießen, der Tee darf dann 3 bis 4 Minuten lang ziehen. Damit er gut wirken kann, sollten sie mindestens 2 bis 3 Tassen grünen Tee pro Tag trinken, aber nicht abends, da er das Einschlafen erschwert.

Johanniskrauttee (6. Chakra)

Johanniskraut wurde schon in der Antike als Heilpflanze sehr verehrt. Es enthält Hypericin, Hyperforin, ätherische Öle und verschiedene Gerbstoffe und Flavonoide. Für den Tee werden Blüten und Blätter der Pflanze verwendet.
Johanniskrauttee eignet sich auf körperlicher Ebene sehr gut dafür, nervöse Magenbeschwerden und andere körperliche Symptome von Stress zu lindern. Außerdem empfiehlt

er sich sehr gut zur Behandlung von Schlafstörungen, denn er erleichtert das Einschlafen und fördert eine erholsame Nachtruhe.

Am meisten wird Johanniskrauttee jedoch wegen seiner stimmungsaufhellenden Wirkung geschätzt. Er spielt eine wichtige Rolle als natürliches Antidepressivum und ist sehr hilfreich bei der Bekämpfung von kurzen wie auch länger andauernden Stimmungstiefs. Außerdem schenkt Johanniskrauttee innere Ruhe, er befreit von Nervosität und verleiht ängstlichen Menschen mehr Mut und Selbstvertrauen. Johanniskraut hat eine sehr ausgleichende Wirkung auf den 6. Chakra-Typ, »die Intuitive«, deren Fähigkeit zur Selbsterkenntnis er ideal fördert.

Um Johanniskrauttee zuzubereiten, übergießen Sie 2 TL Johanniskraut pro Tasse mit kochendem Wasser. Lassen Sie den Tee 8 Minuten lang ziehen, bevor Sie ihn abgießen. Sie können Johanniskrauttee auch kalt trinken. Er wirkt am besten, wenn Sie zwei bis maximal drei Tassen über den Tag verteilt zu sich nehmen.

Ayurvedamischung »Yogitee« (7. Chakra)

In der indischen Heilkunst Ayurveda werden seit langem spezielle Teemischungen verwendet, um Körper, Geist und Seele in Einklang zu bringen und so die Gesundheit zu stärken. Der klassische Yogitee besteht vor allem aus Gewürzen und hat einen sehr aromatischen und intensiven Geschmack.

Yogitee hat auf körperlicher Ebene eine sehr wärmende und aktivierende Wirkung. Der Tee regt den Kreislauf an und fördert die Verdauung. Darüber hinaus stärkt er das Immunsystem und versorgt den Körper mit wichtigen Vitalstoffen.

Auf seelischer Ebene wirkt Yogitee sehr harmonisierend. Er stärkt die Verbundenheit von Körper, Seele und Geist und sorgt für innere Ausgeglichenheit. Yogitee fördert in besonderer Weise die Spiritualität und gleicht die Energie des

7. Chakras aus. Er schenkt nicht nur inneren Frieden, sondern stärkt auch das Gefühl der Verbundenheit mit dem Kosmos und passt daher gut zum Chakra-Typ »die Weise«. Normalerweise wird Yogitee zubereitet, indem man 1 TL der Teemischung in kochendes Wasser gibt. Der Tee sollte 5 bis 10 Minuten lang weiterkochen und danach 10 bis 15 Minuten lang ziehen, bevor man ihn abgießt. Yogitee wird traditionell mit Milch und etwas Honig getrunken. Da Ayurvedatee je nach Mischung leicht unterschiedlich zubereitet wird, sollten Sie jedoch die jeweils empfohlene Zubereitungsweise auf der Packung beachten. Am besten trinken Sie über den Tag verteilt 2 bis 3 Tassen Yogitee – wegen seiner anregenden Wirkung aber nicht zu spät abends.

Die Aromatherapie

Aromaöle (ätherische Öle) sind hochkonzentrierte Essenzen von Pflanzen, die aus verschiedenen Pflanzenteilen wie Blüten, Blättern, Früchten oder auch aus dem Holz meist durch Wasserdampfdestillation oder Kaltpressung gewonnen werden. Aromaöle wurden schon vor tausenden von Jahren in der Heilkunst Ägyptens und später in der Antike eingesetzt. Die Wirkung der Aromaöle wird vor allem durch deren meist sehr intensiven Duft übertragen. Klinische Untersuchungen haben gezeigt, dass der Geruchssinn über das limbische System im Gehirn direkt mit den Gefühlen und dem Unterbewusstsein in Verbindung steht. Durch verschiedene Gerüche kann sich in Sekundenschnelle unsere Stimmung ändern, und sie können auch längst vergessene Erinnerungen lebhaft wieder ins Bewusstsein rufen.
Ätherische Öle enthalten viele hochwirksame Stoffe, die eine ganze Reihe von gesundheitsfördernden Wirkungen besitzen. Sie wirken unter anderem desinfizierend, schleim- und

krampflösend, beruhigend, schmerzstillend und schlaffördernd. Besonders wirksam sind sie auf seelischer Ebene, wo sie unter anderem eine stimmungsaufhellende Wirkung zeigen, Energie schenken, Erschöpfung und Müdigkeit lindern oder das Konzentrationsvermögen fördern.

Auf die Chakras wirken sich die ätherischen Öle auf zweierlei Weise aus. Zum einen besteht ein enger Zusammenhang zwischen unseren Stimmungen und den Chakras: Der Zustand der Chakras beeinflusst die Gefühle, aber gleichzeitig wirken sich diese wiederum auf den Energiefluss in den Chakras aus. Da die Düfte der Aromaöle eine sehr positive Wirkung auf die Gefühle besitzen, tragen sie indirekt auch zur Harmonisierung der Chakras bei.
Zum anderen besitzen auch ätherische Öle – wie alle natürlichen Stoffe – eine spezifische feinstoffliche Energie. Die ätherischen Öle stellen die Essenz der Pflanzen dar, aus denen sie gewonnen werden, und sie tragen eine stark konzentrierte Heilenergie in sich. Diese feinstoffliche Energie wird bei der Verwendung von Aromaölen von den Chakras aufgenommen und sorgt für ihre Harmonisierung. Dabei haben die verschiedenen Öle jeweils ganz spezifische Wirkungen auf die einzelnen Chakras.

Tipps für die Praxis

Wenn Sie Aromaöle zur Harmonisierung der Chakras nutzen, sollten Sie auf jeden Fall darauf achten, qualitativ hochwertige, naturreine Öle zu verwenden. Viele Düfte werden inzwischen auch synthetisch hergestellt und dann sehr günstig als »naturidentische« Aromaöle angeboten. Sie tragen allerdings nicht die Essenz der Ursprungspflanze in sich, und ihre Heilwirkung entspricht nicht der eines natürlichen ätherischen Öls. Es gibt verschiedene Möglichkeiten, die Kraft der ätherischen Öle auf sich wirken zu lassen:

Duftlampen

Die Standardmethode besteht in der Verwendung einer Duftlampe, mit der man die Raumluft aromatisiert. Im Handel findet man für jeden Geschmack das passende Modell. Wichtig ist nur, dass die Wasserschale groß genug ist, damit Sie die Lampe nicht dauernd kontrollieren müssen. Duftlampen mit Kerze verbreiten eine angenehmere Atmosphäre als elektrisch betriebene Modelle.

Je nach Raumgröße gibt man zwischen 3 und höchstens 8 Tropfen ins Wasser, das niemals ganz verdunsten sollte, weil die Ölreste sonst sehr unangenehme Gerüche verursachen können.

Bäder

Eine sehr angenehme Methode, die Kraft der ätherischen Öle auf sich wirken zu lassen, ist ein heißes Vollbad. Beim Baden werden die Wirkstoffe sowohl über den Geruchssinn als auch über die Haut aufgenommen. Ätherische Öle sollte man allerdings nicht direkt ins Badewasser geben, sondern vorher mit einer Tasse Sahne oder 2 bis 3 EL Honig vermischen, damit sie sich im Wasser verteilen können. Für ein Vollbad genügen rund 5 Tropfen Aromaöl.

Massage- und Körperöle, Lotionen

Ätherische Öle können auch hervorragend in Massage- und Körperölen sowie aromatischen Lotionen verwendet werden. In dieser Form kann man sie gezielt im Bereich bestimmter Chakras auftragen, die man mit ihrer Hilfe harmonisieren möchte. Als Grundlage für solche Öle eignet sich jedes hochwertige Öl, wie beispielsweise Jojoba-, Weizenkeim-, Mandel- oder Avocadoöl.

Grundrezept: Mischen Sie 2 bis 3 EL des Basisöls mit 5 bis 10 Tropfen ätherischem Öl. Wer sich etwas Körperöl auf Vorrat herstellen möchte, füllt ein 50ml-Fläschen aus dunklem Glas mit Basisöl und gibt 10 bis 15 Tropfen ätherisches Öl dazu. Die Mischung sollte innerhalb von 2 bis 3 Wochen verbraucht werden. Auf dieselbe Weise können Sie auch Körperlotionen aromatisieren, die jedoch aus natürlichen Inhaltsstoffen bestehen und unparfümiert sein sollten.

Warnhinweis

Ätherische Öle dürfen grundsätzlich nicht unverdünnt verwendet werden, da sie in ihrer konzentrierten Form Hautreizungen und andere Überreaktionen hervorrufen! Insbesondere den Kontakt mit Schleimhäuten und Augen sollte man streng vermeiden. Daher empfiehlt es sich auch, ätherische Öle für Kinder unzugänglich aufzubewahren. Um allergische Reaktionen auszuschließen, sollte man ätherische Öle bei der ersten Anwendung kurz testen, indem man nur einen kleinen Hautbereich einölt bzw. erst ein Handbad durchführt, bevor man sich ganz in die Badewanne setzt. Dosieren Sie Aromaöle immer sehr vorsichtig und bewahren Sie sie licht- und luftgeschützt auf.

Die Aromaöle von Anis bis Zypresse

Im Folgenden lernen Sie die wichtigsten ätherischen Öle mitsamt ihren körperlichen und seelischen Heilwirkungen kennen. Anhand der Grafiken können Sie auf einen Blick sehen, ob das jeweilige Aromaöl zu Ihrem Chakra-Typ passt. Beachten Sie bei der Auswahl des richtigen Öls aber auch die allgemeine Beschreibung – nur so können Sie Ihre idealen »Düfte für die Seele« finden.

Anis – Pimpinella anisum

Anis wurde schon im Altertum als eine der wichtigsten Heilpflanzen betrachtet, und heute noch werden seine Samen sowohl als Gewürz als auch als Naturheilmittel verwendet. Das ätherische Öl wird aus den Früchten der Pflanze gewonnen.

Anisöl hat eine stark krampflösende Wirkung, daher wird es häufig bei der Behandlung von Verdauungsstörungen eingesetzt und ist aufgrund seiner magenstärkenden Wirkung sehr gepriesen. Darüber hinaus ist Anisöl ein sehr gutes Mittel gegen Übermüdung und geistige Erschöpfung – besonders wenn diese durch Stress hervorgerufen werden.
Anisöl lindert alle Arten von innerer Unruhe und spendet Harmonie. Wenn man sich übermüdet und überanstrengt fühlt und selbst die kleinste Anstrengung zu schwer erscheint, verleiht Anisöl neue Kraft und sorgt dafür, dass man sich schnell wieder erholt und motiviert fühlt. Außerdem hilft Anisöl sehr gut dabei, in anstrengenden Situationen nicht in Stress zu verfallen und sich nicht von der Hektik anderer Menschen anstecken zu lassen.

Basilikum – Ocimum basilicum

Basilikum stammt aus Südasien, wo die Pflanze schon seit jeher wegen ihrer Heilkräfte geschätzt wird. Die Verwendung von Basilikum ist auch aus dem Ayurveda bekannt, bei dem sie schon immer eine wichtige Rolle spielte.
Basilikumöl hat eine sehr umfassende Heilwirkung. Es ist krampflösend und verdauungsfördernd, aber auch schleimlösend und antiseptisch und kann sogar Fieber senken. Daher wird es gegen Verdauungsbeschwerden ebenso häufig eingesetzt wie zur Behandlung von Erkältungskrankheiten.

Basilikumöl löst innere Anspannung und seelische Blockaden sanft, aber tiefgehend auf. Belastende negative Gedanken und Gefühle wie Eifersucht oder Neid verschwinden ebenfalls rasch unter dem Einfluss dieses Öls. Außerdem verleiht es frische geistige Energie – es eignet sich daher gut dafür, geistige Erschöpfungszustände und depressive Verstimmungen zu lindern.

Bergamotte – Citrus aurantium bergamia

Bergamotteöl wird aus den Fruchtschalen einer Unterart der Bitterorange gewonnen. Seinen Namen hat es von der italienischen Stadt Bergamo übernommen, die früher ein wichtiger Handelsplatz für die zur Parfümherstellung verwendete Essenz war.

Bergamotteöl spielt vor allem in der Hautpflege eine große Rolle, weil es die Haut gründlich reinigt. Wegen seiner antiseptischen Wirkung eignet es sich gut für die Behandlung von Hautunreinheiten und Akne, aber auch bei Ausschlägen und Schuppenflechte ist es sehr wohltuend.

Bergamotteöl hat einen zutiefst beruhigenden Einfluss auf die Seele. Seine große Stärke ist es, die verschiedensten Alltagsängste zu lösen und für die nötige Entspannung zu sorgen – ganz gleich, ob es um den Besuch beim Zahnarzt oder um eine wichtige Abschlussprüfung geht. Bergamotteöl hilft dabei, sich nicht zu viele Sorgen zu machen, und seine

Wirkung ist bei angstbedingten Schlafstörungen besonders wohltuend.

Bitterorange – Citrus aurantium

Die Bitterorange stammt ursprünglich aus China und ist der Vorläufer der heutigen süßen Orangensorten. Ihr fruchtig duftendes ätherisches Öl wird durch Destillation gewonnen und auch zur Herstellung von Parfüm und Likören verwendet. Heute wird die Bitterorange vor allem im Mittelmeerraum angebaut.
Das ätherische Öl der Bitterorange wirkt adstringierend und antiseptisch, sodass es eine sehr günstige Wirkung bei Magen-Darm-Infektionen hat. Auch bei chronischen Erkrankungen hat dieses Öl einen ausgesprochen positiven Einfluss. Darüber hinaus hat es eine stärkende, belebende und appetitanregende Wirkung, daher ist es für die Regeneration nach schweren Erkrankungen sehr empfehlenswert.
Die besondere Stärke von Bitterorangenöl liegt darin, die Konzentrationsfähigkeit zu fördern. Dieses Öl hilft dabei, sich ganz auf das einzulassen, was gerade wichtig ist, und nicht unbemerkt mit den Gedanken abzuschweifen. Wer zu Tagträumereien neigt oder schon beim Gedanken an schwierige Aufgaben gleich aufgeben möchte, wird im Bitterorangenöl eine große Hilfe finden.

Cajeput – Melaleuca leucadendron

Der Cajeputbaum, aus dessen Blüten und Blättern das Cajeputöl gewonnen wird, wächst in Südostasien und Australien. Cajeputöl wurde in Malaysia schon früh zur Behandlung von Durchfallkrankheiten und Erkrankungen des Bewegungsapparates eingesetzt.

Die wichtigste Eigenschaft des Cajeputöls ist seine schmerzlindernde, entspannende und durchblutungsfördernde Wirkung, aufgrund derer es sich sehr gut für die Behandlung von rheumatischen Beschwerden sowie aller Arten von Muskelschmerzen eignet. Auch bei Bauchkrämpfen und schmerzhaften Verdauungsbeschwerden wirkt dieses Öl sehr wohltuend.

Auch auf seelischer Ebene hilft Cajeputöl hervorragend dabei, Spannungen abzubauen – ein ideales Öl für alle, die zu viel überschüssige Energie besitzen und sich deshalb nicht ausreichend entspannen können. Cajeputöl hilft dabei, seine Energie in sinnvolle Arbeiten zu investieren, statt sich zu verausgaben.

Eukalyptus – Eucalyptus globulus

Eukalyptus wurde schon von den australischen Ureinwohnern wegen seiner Heilkraft verehrt. Heute ist Eukalyptusöl ein wichtiger Bestandteil vieler natürlicher Erkältungsarzneien. Da es schleimlösend und antiseptisch wirkt, eignet es sich besonders gut dazu, Erkrankungen der Atemwege wirkungsvoll zu bekämpfen. Es stärkt das Immunsystem und wirkt auch Harninfekten entgegen.
Eukalyptusöl ist sehr hilfreich, wenn man mit seinen Gedanken ständig in der Vergangenheit weilt und sich über bereits geschehene Dinge so sehr den Kopf zerbricht, dass man darüber die Gegenwart vergisst. Eukalyptusöl belebt das Interesse am Hier und Jetzt und an der Gestaltung der eigenen Zukunft.

Fenchel – Foeniculum vulgare

Fenchel ist in Europa weit verbreitet und wurde als Heilpflanze schon in der Antike genutzt. Fenchelöl hat eine sehr wohltuende Wirkung auf Magen und Darm. Es ist ein hervorragendes Mittel, um einen gereizten Magen zu beruhigen und Symptome wie Übelkeit oder Erbrechen zum Verschwinden zu bringen. Außerdem reguliert Fenchelöl das natürliche Hungergefühl, daher kann es bei der Behandlung von Essstörungen eine große Hilfe sein.
Im seelischen Bereich kann Fenchelöl eingefahrene Verhaltensweisen und starre Denkmuster aufbrechen. Dies gilt vor allem bei übertriebenem Ordnungssinn, durch den die freie Entfaltung der Kreativität und überhaupt der eigenen Persönlichkeit gehemmt oder ganz unterdrückt wird. Fenchelöl hilft dabei, Ordnung und Genauigkeit dort einzusetzen, wo sie wirklich nötig sind, ohne dabei das nötige Maß zu überschreiten.

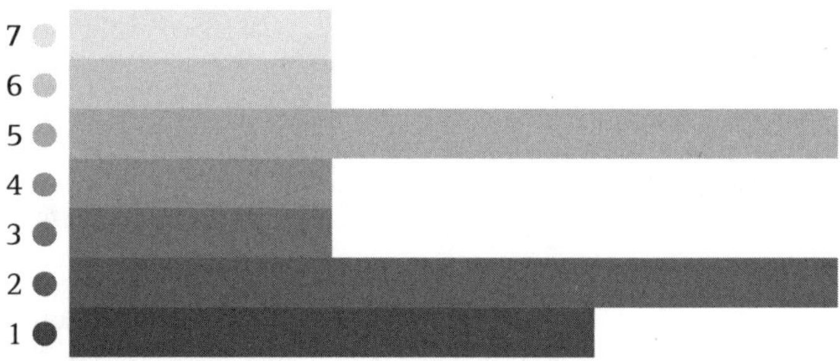

Geranie – Pelargonium graveolens

Geranien sind vor allem im südlichen Teil Afrikas beheimatet und werden dort schon seit langer Zeit in der Heilkunde verschiedener Völker eingesetzt. Das blumig duftende ätherische Öl der Geranie wird durch Destillation gewonnen und stammt vor allem aus den Blättern der Pflanze.

Geranienöl hat eine stark antibakterielle und entzündungshemmende Wirkung und wird erfolgreich bei der Behandlung von Infektionskrankheiten im Bereich von Hals, Nase und Ohren eingesetzt. Darüber hinaus wirkt es entgiftend und entschlackend, wobei es verschiedene Erkrankungen der Ausscheidungsorgane lindert.
Aufgrund seiner stimmungsaufhellenden und anregenden Wirkung spielt Geranienöl eine große Rolle bei der Behandlung depressiver Verstimmungen. Vor allem bei nachgeburtlichen Depressionen ist es sehr hilfreich, da es die Umstellung auf die neue Situation unterstützt. Geranienöl trägt auch dazu bei, die Gegenwart bewusster wahrzunehmen und sich nicht in den Gedanken an mögliche Zukunftspläne zu verlieren.

Grapefruit – Citrus paradisi

Die Grapefruit stammt wie alle Zitrusfrüchte ursprünglich aus Asien. Sie wird heute jedoch auch im östlichen Mittelmeerraum und in den USA angebaut. Grapefruitöl hat einen herben, fruchtigen Duft und wird durch Kaltpressung aus den Schalen der Frucht gewonnen.
In der Aromatherapie wird das Grapefruitöl vor allem im psychischen Bereich eingesetzt, obwohl es auch positive Auswirkungen auf den Körper hat. Grapefruitöl wirkt anregend und belebend und unterstützt die Regeneration – ins-

besondere nach langwierigen oder schweren Krankheiten. Außerdem hat es eine sanft appetitanregende Wirkung.
Grapefruitöl hebt die Stimmung und verleiht neue Energie, mit deren Hilfe man seine täglichen Aufgaben besser bewältigen kann. Grapefruitöl ist ideal für alle Menschen, die am liebsten aus ihrem Alltag entfliehen möchten und daher oft in unproduktives Grübeln und Tagträumereien flüchten. Mit seiner Hilfe fällt es leichter, das Leben in die Hand zu nehmen und kreative Einfälle konkret umzusetzen.

Jasmin – Jasminum officinalis, Jasminum grandiflorum

Echtes Jasminöl ist ein sehr kostbares ätherisches Öl, da es durch ein kompliziertes Verfahren aus den Blüten des Jasminstrauches gewonnen wird. Das süßlich duftende Öl war schon früh ein begehrter Inhaltsstoff für die Herstellung feiner Parfums.
Jasminöl wird in der Aromatherapie vor allem bei Erkrankungen der weiblichen Geschlechtsorgane eingesetzt. Da es außerdem krampflösend wirkt, ist es bei der Linderung von Menstruationsbeschwerden und bei Blasenerkrankungen eine große Hilfe.
Jasminöl hat eine sehr erotisierende und wärmende Wirkung und wird gerne als Aphrodisiakum und zur Behandlung psychisch bedingter Erregungsstörungen verwendet. Dabei ist sein Einfluss auf die Seele weitaus umfangreicher, da es

nicht nur die Sinnlichkeit, sondern das Gefühlsleben insgesamt stärkt. Daher ist Jasminöl ideal für alle Menschen, die keinen rechten Zugang zu ihren Gefühlen finden und unter Unsicherheit, Hemmungen oder Schüchternheit leiden.

Römische Kamille – Anthemis nobilis

Die Römische Kamille stammt ursprünglich aus Südeuropa, kommt aber inzwischen in weiten Teilen Europas vor. Sie ist seit der Antike eine wichtige Heilpflanze, und ihre Wirkung entspricht in etwa der der Echten Kamille (Chamomilla recutita).

Das ätherische Öl der Römischen Kamille hat einerseits eine stark entzündungshemmende und desinfizierende Wirkung, andererseits wirkt es sich sehr positiv auf alle Beschwerden von Leber, Magen und Darm aus. Daher wird Kamillenöl in der Aromatherapie sowohl bei Erkrankungen von Ohren, Haut und Atemwegen als auch gegen Verdauungsbeschwerden eingesetzt.

Kamillenöl hat eine sehr besänftigende, ausgleichende Wirkung. Es lindert Hyperaktivität und beruhigt bei Temperamentsausbrüchen, die bei regelmäßiger Verwendung grundsätzlich stark abgemildert werden können. Auch bei Stress ist Kamillenöl sehr wohltuend und hilft dabei, sich zu entspannen. Ferner kann man es nutzen, um das Einschlafen zu erleichtern und Schlafstörungen vorzubeugen.

Kampfer – Cinnamomum camphora

Kampferöl wird durch Destillation aus dem Holz des Kampferbaumes gewonnen, der vor allem in Südchina und in Japan kultiviert wird. In der Volksmedizin Asiens wird Kampfer schon seit langer Zeit wegen seiner vielfältigen Heilwirkung sehr geschätzt.

Kampferöl wird aufgrund seiner durchblutungsfördernden Wirkung häufig in Ölmischungen zum Einreiben bei rheumatischen und neuralgischen Beschwerden eingesetzt. Es ist sehr erfrischend und eignet sich gut zur Behandlung von Muskelschmerzen. Bei Erkältungskrankheiten ist Kampferöl ideal, um die Atemwege zu befreien und die Immunabwehr zu stärken.

Auch auf seelischer Ebene hat Kampfer eine belebende und stärkende Wirkung. Dieses Aromaöl trägt dazu bei, dass man sich seines eigenen Wissens und seiner eigenen Fähigkeiten deutlicher bewusst wird und dadurch mehr Selbstbewusstsein gewinnt. Es eignet sich besonders gut für alle Menschen, die zu sehr auf die Meinung anderer hören und ihre eigenen Ansichten dabei ganz vergessen, indem es ihnen dabei hilft, sich nicht so leicht beeinflussen zu lassen und die eigenen Gedanken besser zu entwickeln.

Lavendel – Lavendula officinalis

Lavendelöl war schon im Altertum ein gefragter Grundstoff zur Herstellung von Parfum, aber auch seine Heilwirkung war gut bekannt. Das Öl wird aus den Blüten der Pflanze destilliert, die vorwiegend in Frankreich angebaut wird.
Lavendelöl wird in der Aromatherapie bei einer Vielzahl von Beschwerden eingesetzt. Wegen seiner entzündungshemmenden, antiseptischen und die Wundheilung fördernden Wirkung hilft es bei vielen Hautleiden von Akne bis zum Sonnenbrand. Außerdem wirkt es sanft desodorierend. Herz- und Kreislaufbeschwerden reagieren ebenfalls sehr günstig auf Lavendelöl.
Lavendelöl verleiht innere Ruhe und Gelassenheit. Dadurch hat man mehr Energie für wirklich wichtige Dinge und um sich mehr um sein seelisches Wohlergehen zu kümmern.

Lemongras – Cymbopogon flexuosus

Das frisch und zitronig duftende Lemongrasöl wird aus einem tropischen Gras gewonnen, das vor allem in Lateinamerika und in Indien vorkommt. In Indien wird Lemongras seit jeher in der Volksheilkunde gegen Infektionskrankheiten und Fieber eingesetzt.
In der Aromatherapie hat sich Lemongrasöl als Heilmittel bei Hautkrankheiten bewährt, die durch Infektionen oder Hautparasiten verursacht werden. Auch bei Verdauungsbeschwerden und Magen-Darm-Infektionen kann Lemongrasöl für eine schnelle und dauerhafte Linderung der Beschwerden sorgen.
Lemongrasöl ist ein sehr aktivierendes ätherisches Öl. Mit seiner Hilfe kann man schnell geistige Erschöpfungszustände überwinden. Der Duft stärkt die Motivation und vertreibt die Lethargie, die einen davon abhält, sich für seine Ziele einzusetzen. Lemongras ist ideal für alle, die ihr Leben aktiv gestalten möchten.

Muskatellersalbei – Salvia sclarea

Muskatellersalbei ist im Mittelmeergebiet heimisch und wird vorwiegend in Frankreich kultiviert. Durch Destillation des Krautes wird sein ätherisches Öl gewonnen. Wie andere Salbeiarten wurde auch der Muskatellersalbei schon früh wegen seiner Heilwirkung in der Volksheilkunde verwendet.

Das ätherische Öl des Muskatellersalbeis wird in der Aromatherapie wegen seiner beruhigenden und blutdrucksenkenden Wirkung sowohl bei Schlafstörungen als auch bei Kreislaufproblemen und Bluthochdruck eingesetzt. Es ist besonders wohltuend für die Nerven und kann dazu beitragen, Nervenschwäche und verschiedene Nervenleiden zu lindern. Auch in seelischer Hinsicht stärkt das Muskatellersalbeiöl die Nerven, indem es für innere Ruhe und Erdung sorgt und die seelische Belastbarkeit stärkt. Dieses Öl ist eine sehr gute Hilfe, um sich auch von schwierigen Umständen nicht so schnell erschüttern zu lassen. Außerdem erleichtert dieses Aromaöl den Umgang mit anderen Menschen, weil es mehr Verständnis und Gelassenheit verleiht.

Orange – Citrus sinensis

Wie bei den meisten Zitrusfrüchten wird auch bei der Orange das ätherische Öl durch Kaltpressung aus den Fruchtschalen gewonnen. Orangenöl stammt heute vorwiegend aus Spanien und den USA.

In der Aromatherapie wird Orangenöl häufig bei fieberhaften Erkältungskrankheiten verwendet, da es eine fiebersenkende und entzündungshemmende Wirkung besitzt und das Immunsystem anregt. Darüber hinaus eignet sich das ätherische Öl der Orange auch sehr gut zur Behandlung von Verdauungsbeschwerden und zur Anregung des Appetits.

Orangenöl spielt eine wichtige Rolle in der Behandlung von depressiven Verstimmungen, weil es die Lebensgeister anregt und die Stimmung aufhellt. Es hilft dabei, traurige und schmerzhafte Erfahrungen zu verarbeiten, und trägt dazu bei, dass man das Leben auch wieder von seiner schönen Seite wahrnehmen und mit mehr Freude erleben kann.

Patchouli – Pogostemon cablin

Patchouliöl wird aus den fermentierten Blättern eines südasiatischen Strauches gewonnen. Wegen seines sehr intensiven, erdig-süßlichen Geruchs war es in Europa lange Zeit vor allem für die Parfumherstellung gefragt, obwohl es in seinen Ursprungsländern auch in der Volksmedizin hoch gepriesen wurde.

Patchouliöl wird in der Aromatherapie vorwiegend für die Behandlung von Hauterkrankungen eingesetzt. Vor allem bei Hautinfektionen und bei Pilzerkrankungen kann man damit sehr gute Erfolge erzielen. Mit Patchouliöl lassen sich die körperlichen Auswirkungen von Stress gut lindern.

Patchouliöl eignet sich sehr gut dafür, das Selbstvertrauen zu stärken und neuen Mut zu gewinnen. Es trägt dazu dabei, dass man sich leichter auf neue Situationen einstellt, und ist auch ideal, wenn man sich gelegentlich überfordert fühlt. Mit Hilfe des Aromaöls setzt man sich selbst weniger unter Druck und kann somit seine Ziele mit viel weniger Stress erreichen.

Pfeffer – Piper nigrum

Pfeffer stammt ursprünglich aus Südindien und wurde dort seit jeher in der Volksmedizin genutzt. Das ätherische Öl, das aus den Pfefferkörnern gewonnen wird, regt die Durchblutung und den Kreislauf an und kann bei Hautkontakt sogar verdünnt zu Rötungen führen. Das Öl wird bei rheumatischen Beschwerden, niedrigem Blutdruck, Kältegefühlen oder Gleichgewichtsstörungen verwendet.

Die anregende Wirkung des Pfefferöls zeigt sich auch auf seelischer Ebene. Dieses Öl verleiht eine sehr erdverbundene Energie. Das ist vor allem dann sehr günstig, wenn man sich zu viele Gedanken über den Sinn des Lebens macht und darüber ganz vergisst, sein Leben wirklich zu leben und zu genießen. Darüber hinaus hat Pfefferöl eine erotisierende Wirkung, die auch sexuelle Blockaden auflösen kann.

Pfefferminz – Mentha piperita

Verschiedene Minzearten wurden schon in der Antike als Heilmittel verwendet. Die Pfefferminze mit ihrem hohen Gehalt an Menthol wird heute in vielen Ländern großflächig zur Gewinnung von Pfefferminzöl oder Tee angebaut.
Pfefferminzöl wirkt entzündungshemmend, antiseptisch und leicht kühlend. In der Aromatherapie wird es bei der Behandlung von Atemwegsinfekten und Lungenkrankheiten eingesetzt. Auch bei der Behandlung von Kopfschmerzen und Migräne spielt dieses ätherische Öl eine große Rolle sowie bei Schwäche- und Erschöpfungszuständen, wo es erfrischt und neue Kraft spendet.
Auf seelischer Ebene ist die kraftspendende Wirkung des Pfefferminzöls von großer Bedeutung. Es ist ein hervorragendes Mittel, um selbst in scheinbar aussichtslosen Situationen neue Energie zu schöpfen und für nötige Veränderungen zu sorgen. Pfefferminzöl ist auch sehr hilfreich, wenn man das Gefühl hat, für die Umsetzung seiner Ideen nicht genügend Kraft zu besitzen, denn es stärkt Willenskraft und Selbstvertrauen.

Rose – Rosa damascena

Rosenöl ist eines der teuersten ätherischen Öle, da zur Gewinnung von wenigen Gramm Rosenöl schon rund 10 Kilo-

gramm Rosenblüten benötigt werden. Es ist seit jeher wegen seines blumigen und sinnlichen Duftes äußerst gefragt für die Parfumherstellung.
In der Aromatherapie wird Rosenöl sehr erfolgreich dazu eingesetzt, Beschwerden im Bereich der weiblichen Geschlechtsorgane zu behandeln. Auch bei Entzündungen der Brustdrüsen sorgt es für eine rasche Heilung. Außerdem ist Rosenöl gut für die Hautpflege geeignet, weil es die Haut strafft und vor Austrocknung schützt.
Die wichtigsten Wirkungen von Rosenöl liegen allerdings im seelischen Bereich. Rosenöl wird häufig als »Öl der Liebe« bezeichnet, weil es die Liebesfähigkeit fördert. Es sorgt vor allem dafür, dass man sich selbst liebenswerter und attraktiver findet. Dadurch bekommt man eine intensivere Ausstrahlung und wirkt auch auf seine Umgebung anziehender und sympathischer.

Rosmarin – Rosmarinus officinalis

Der in vielen südlichen Gegenden auch wild wachsende Rosmarin ist eine der wichtigsten Gewürzpflanzen im Mittelmeergebiet. Er wird dort seit Jahrtausenden wegen seiner großen Heilwirkung in der Volksheilkunde genutzt. Das Rosmarinöl wird durch Wasserdampfdestillation gewonnen.
Rosmarinöl regt auf vielfältige Weise die Körperfunktionen an, steigert den Blutdruck und die Durchblutung, intensi-

viert den Stoffwechsel und entgiftet. Es wird unter anderem bei niedrigem Blutdruck, Herzschwäche, rheumatischen Beschwerden, Stoffwechselstörungen sowie bei Erkältungen und Atemwegserkrankungen eingesetzt.
Rosmarinöl vertreibt Gefühle der Erschöpfung bzw. der Kraftlosigkeit und verleiht neue geistige Energie. Dabei steigert es auch die Konzentrationsfähigkeit und das Erinnerungsvermögen. Rosmarinöl ist daher ideal, wenn man schwierige geistige Aufgaben erledigen muss oder manchmal das Gefühl hat, geistig nicht mehr so fit zu sein wie gewohnt.

Salbei – Salvia officinalis

Salbei ist im Mittelmeergebiet weit verbreitet und wurde schon im alten Rom als eines der wichtigsten Heilkräuter sehr geschätzt. Das Salbeiöl wird durch Wasserdampfdestillation aus den Blättern der Salbeipflanze gewonnen.
Salbei wird in der Aromatherapie wegen seiner tonisierenden Wirkung unter anderem zur Stärkung nach Krankheiten sowie bei Blutarmut eingesetzt. Außerdem eignet es sich wegen seiner entzündungshemmenden und desinfizierenden Wirkung für die Behandlung von Erkältungen und Atemwegsinfekten. Menschen, die epilepsiegefährdet sind, sollten auf die Anwendung von Salbeiöl jedoch verzichten!
Salbeiöl stärkt auf geistig-seelischer Ebene die Willenskraft. Daher ist es ideal für alle, die unter Hoffnungslosigkeit lei-

den oder auf die Verfolgung ihrer Lebensziele verzichtet haben. Salbei verleiht den Mut, nach neuen Wegen zu suchen und sich falls nötig neu zu orientieren.

Sandelholz – Santalum album

Sandelholzöl wird aus dem Kernholz des in Asien heimischen Weißen Sandelbaumes gewonnen, das wegen seines aromatischen Duftes auch für Schnitzarbeiten sehr geschätzt wird. In Indien spielt das Holz des Sandelbaumes eine große Rolle bei religiösen Zeremonien sowie in der traditionellen Medizin.
Sandelholzöl wird in der Aromatherapie vor allem dazu verwendet, Erkrankungen von Nieren, Blase und Geschlechtsorganen zu behandeln, da es harntreibend und entzündungshemmend wirkt und sowohl das Immunsystem als auch die Organe des Unterleibs stärkt. Sandelholzöl hat außerdem eine kräftigende Wirkung und eignet sich allgemein zur Stärkung der Abwehrkräfte.
Auf der seelischen Ebene eignet sich Sandelholzöl sehr gut dafür, das Selbstvertrauen und das Selbstwertgefühl zu steigern. Wer unter Schüchternheit und Unsicherheit leidet, profitiert auf jeden Fall von der Wirkung dieses ätherischen Öls. Außerdem ist Sandelholzöl leicht erotisierend – es regt die Sinnlichkeit an und stärkt die Fähigkeit, sie auch zu genießen, daher wird es gerne dazu eingesetzt, sexuelle Blockaden zu lösen.

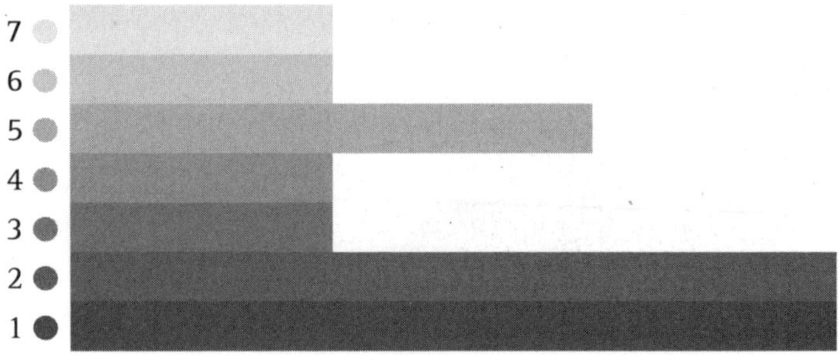

Weihrauch, Olibanum – Boswellia thurifera

Weihrauch war bereits in den altorientalischen Kulturen als Räuchermittel sehr begehrt, und schon im alten Ägypten wurde er darüber hinaus als Heilmittel eingesetzt. Das auch »Olibanum« genannte Weihrauchöl wird aus dem Harz des in Arabien heimischen Weihrauchbaumes destilliert.

Weihrauchöl ist aufgrund seiner entzündungshemmenden, desinfizierenden und schleimlösenden Wirkung ideal für die Behandlung von Atemwegsinfekten und Erkältungskrankheiten. Da es auch antiseptisch und schmerzstillend ist, wird es außerdem gerne bei Brustdrüsenentzündung sowie bei einer Vielzahl von Hauterkrankungen eingesetzt.

Weihrauch wird nicht ohne Grund seit Jahrtausenden bei religiösen Zeremonien verwendet, da er wie das Weihrauchöl eine tiefgehende Wirkung auf die Seele besitzt. Er weckt die Spiritualität und öffnet das Bewusstsein für Erfahrungen, die über das Alltagsgeschehen hinausgehen. Weihrauchöl eignet sich auch gut dafür, leichter einen Zustand meditativer Versenkung zu erreichen und tiefe Einsichten aus der Meditation zu gewinnen.

Zypresse – Cupressus sempervirens

Die Zypresse galt bereits bei Phöniziern und Assyrern als heiliger Baum, und schon aus dem alten Ägypten und aus Griechenland ist ihre Verwendung in der Heilkunde überliefert. Das ätherische Öl der Zypresse wird aus den Früchten und Nadeln destilliert.

Zypressenöl hat eine desinfizierende und entzündungshemmende Wirkung und ist außerdem schleimlösend, daher wird es häufig bei Atemwegsinfekten und Erkältungskrankheiten verwendet. Außerdem kann es bei Erkrankungen der Harnwege sowie bei Inkontinenz einen sehr positiven Einfluss entfalten.

Da es innere Stärke und neuen Mut spendet, ist Zypressenöl ein hervorragendes Öl für alle, die unter starker Schüchternheit leiden und sich im Umgang mit anderen Menschen oft schwach und hilflos fühlen. Mit seiner Hilfe entwickelt man mehr Selbstsicherheit bzw. Gelassenheit und lässt sich nicht mehr so leicht verunsichern. Zypressenöl fördert außerdem die Durchsetzungskraft, sodass es leichter fällt, sich für seine eigenen Interessen einzusetzen.

Hautöle für die sanfte Chakra-Pflege

Natürliche Öle sind hervorragend für die Hautpflege geeignet und werden schon seit Jahrtausenden zu diesem Zweck verwendet. Sie versorgen die Haut mit vielen pflegenden Wirkstoffen, die auch heilende Eigenschaften besitzen.

Hautöle haben schon immer eine große Bedeutung für Massagen gehabt, weil sie die Haut schön geschmeidig machen und die Massage dadurch viel angenehmer ist. Außerdem unterstützen sie deren heilsame Wirkung, vor allem wenn sie mit ätherischen Ölen gemischt werden. Die Massage fördert die Aufnahme der im Öl enthaltenen Wirkstoffe durch die Haut.

Hautöle werden in der Aromatherapie häufig als Basis- oder Trägeröle für ätherische Öle verwendet. Mit ihrer Hilfe kann man die Wirkungen der ätherischen Öle für spezielle Aromamassagen optimal nutzen. Dies gilt auch für Chakramassagen, durch die bestimmte Chakra-Typen gezielt harmonisiert werden können. Verschiedene natürliche Öle haben jedoch auch ohne solche Zusätze spezifische Wirkungen auf die Chakras. Einige Hautöle eignen sich sehr gut dazu, die Energie bestimmter Chakras sanft anzuregen. Die folgenden sieben Öle sind hier besonders zu empfehlen:

Mandelöl (1. Chakra)

Mandelöl wurde schon im alten Griechenland und Rom, aber auch in Indien zur Körperpflege und als Heilmittel sehr geschätzt. Es wird aus süßen Mandeln gewonnen, ist sehr klar und hat einen milden, angenehmen Duft.

Kaltgepresstes, hochwertiges Mandelöl wird auch von sehr sensibler Haut gut vertragen, daher eignet es sich gut für die Pflege zarter Kinderhaut. Aber auch für die Pflege älterer Haut ist Mandelöl ideal, da es sie mit wichtigen Nährstoffen versorgt.

Mandelöl hat eine zutiefst beruhigende Wirkung auf die Seele und stärkt das Vertrauen in das Leben. Außerdem ist es sehr erdend und gut dafür geeignet, das 1. Chakra ins Gleichgewicht zu bringen. Somit ist es ein hervorragendes Öl für den Chakra-Typ »die Naturverbundene«.

Kokosöl (2. Chakra)

Kokosöl oder Kokosfett wird aus dem Fleisch der Kokosnuss gewonnen, die vorwiegend in tropischen Gegenden wächst. In der indischen Heilkunst Ayurveda spielt Kokosöl eine große Rolle. Bei kühlen Temperaturen wird dieses Öl fest, es verflüssigt sich aber schnell wieder, wenn man es aufwärmt.

Kokosöl hat auf den Organismus eine erfrischende und leicht kühlende Wirkung, daher eignet es sich im Sommer besonders gut als Massageöl. Es beruhigt die Haut, versorgt sie mit Feuchtigkeit und macht sie schön weich. Außerdem ist es ein ideales Pflegemittel bei trockenem Haar.

Auf seelischer Ebene stärkt Kokosöl die Lebensfreude und fördert eine optimistische, kreative Grundstimmung. Seine Wirkung ist sanft und sinnlich, und es gleicht die Energie des 2. Chakras sehr gut aus. Kokosöl ist ideal für den Chakra-Typ »die Kreative«.

Sesamöl (3. Chakra)

Sesamöl wird seit Jahrtausenden in der indischen Heilkunde Ayurveda und in der Tibetischen Medizin eingesetzt. Es enthält sehr viele essentielle Fettsäuren und einen hohen Anteil an Linolsäure.
Sesamöl wird sehr schnell von der Haut aufgenommen. Seine wärmende, wohltuende Wirkung ist besonders heilsam bei Verkrampfungen, Muskelschmerzen und rheumatischen Beschwerden. Außerdem ist es entzündungshemmend und auch für Problemhaut gut geeignet.
Sesamöl harmonisiert die Emotionen und erhöht die Sensibilität. Es hat eine stärkende, ausgleichende Wirkung auf den 3. Chakra-Typ »die Gefühlvolle«.

Olivenöl (4. Chakra)

Olivenöl wird seit jeher wegen seines feinen Geschmacks und seiner vielfältigen gesundheitsfördernden Wirkung im gesamten Mittelmeergebiet hoch geschätzt. Olivenöl enthält unter anderem viel Vitamin E, Antioxidanzien und wertvolle ungesättigte Fettsäuren. Man sollte allerdings darauf achten, nur hochwertiges »Natives Olivenöl extra« zu kaufen.
Es ist inzwischen auch durch wissenschaftliche Studien bestätigt worden, dass Olivenöl sich äußerst positiv auf das Herz, den Blutdruck, die Verdauung und das Immunsystem auswirkt. Traditionell wird es auch zur Behandlung von Gelenkerkrankungen eingesetzt. Außerdem versorgt Olivenöl die Haut mit zahlreichen Nährstoffen und ist entzündungshemmend.
Olivenöl steigert die Offenheit und das Verständnis, die wir anderen Menschen entgegenbringen. Es hat eine sehr harmonisierende Wirkung auf das 4. Chakra und passt daher besonders gut zum Chakra-Typ »die Liebende«.

Calendulaöl (5. Chakra)

Calendulaöl wird aus den Blüten der Ringelblume gewonnen, einer in weiten Teilen Europas heimischen und hoch geschätzten Heilpflanze. Es enthält unter anderem viel Carotin.
Calendulaöl ist entzündungshemmend und wird auch von empfindlicher Haut gut vertragen. Bei Hautentzündungen, Sonnenbrand, Muskel- und Rückenschmerzen lindert es das Leiden und fördert eine schnelle Heilung.
Auf seelischer Ebene sorgt Calendulaöl für große Klarheit und stärkt die Ausdrucksfähigkeit. Besonders das 5. Chakra profitiert sehr von seinem ausgleichenden Einfluss. Calendulaöl passt gut zum Chakra-Typ »die Erfolgreiche«.

Avocadoöl (6. Chakra)

Avocadoöl wird aus der ursprünglich in Südamerika heimischen Avocado gewonnen, der Frucht eines tropischen Baumes. Es ist relativ fett und sehr vitaminreich – unter anderem enthält es die Vitamine A, D und E, Pantothensäure und weitere B-Vitamine sowie Lecithin.
Avocadoöl eignet sich sehr gut für die Pflege trockener Haut, da es sie mit vielen Nährstoffen versorgt und auch von empfindlicher Haut gut vertragen wird. Außerdem beruhigt es die Haut und wirkt der Faltenbildung entgegen.
Das Avocadoöl hat eine positive Wirkung auf die Wahrnehmungsfähigkeit und fördert die Intuition. Das 6. Chakra reagiert besonders gut auf seinen harmonisierenden Einfluss, daher passt das Öl gut zum Chakra-Typ »die Intuitive«.

Jojobaöl (7. Chakra)

Jojobaöl ist eigentlich kein Öl, sondern ein flüssiges Wachs, das aus den Samen der in Mexiko heimischen Wüstenpflanze

Simmondsia chinensis gewonnen wird. Jojoba wurde schon in der indianischen Heilkunde gegen Hauterkrankungen eingesetzt. Bei kühler Lagerung wird es fest, aber schon nach kurzem Aufwärmen kann es wieder als Öl verwendet werden. Jojobaöl ist sehr feuchtigkeitsspendend, enthält viele Hautschutzvitamine und ist außerdem entzündungshemmend. Es eignet sich für alle Hauttypen, wirkt pflegend wie nährend und lindert Reizungen. Trockene Haut versorgt es auf natürliche Weise mit Feuchtigkeit, sodass sie schön geschmeidig wird.

Auf seelischer Ebene wirkt Jojobaöl sehr beruhigend, ohne müde zu machen, und lenkt das Bewusstsein auf das Hier und Jetzt. Jojoba harmonisiert auf sehr sanfte Weise die Energie des 7. Chakras und eignet sich gut für den Chakra-Typ »die Weise«.

Tipps für die Praxis

Grundsätzlich empfiehlt es sich, für jede Art von Anwendung nur hochwertiges und naturreines Öl zu wählen, das bevorzugt aus biologischem Anbau stammen und kalt gepresst sein sollte. Bewahren Sie es lichtgeschützt und kühl auf – aber nicht zu lange, weil die Qualität darunter leidet könnte.

Wenn Sie das Hautöl Ihrer Wahl mit ätherischen Ölen mischen möchten, sollten Sie ebenfalls nur kleine Mengen auf Vorrat herstellen. Dafür füllen Sie das Öl am besten in ein Fläschchen aus dunklem Glas ab, das nicht mehr als 50 ml fassen sollte. Für 50 ml Hautöl können Sie 10 bis 20 Tropfen ätherisches Öl verwenden, die Mischung sollten Sie jedoch innerhalb von 2 bis 3 Wochen verbrauchen.

Für die direkte Verwendung können Sie das Hautöl auch in einem kleinen Schälchen mit dem ätherischen Öl aromatisieren. Geben Sie auf 2 bis 3 EL Hautöl 5 bis 10 Tropfen Aromaöl. Für kleine Hautbereiche ist es ausreichend, wenn Sie 1 EL Hautöl mit 3 Tropfen Aromaöl vermischen.

Heilende Edelsteine

Die heilenden Kräfte der Steine werden seit Jahrtausenden genutzt. Die Verwendung von Heilsteinen ist bekannt, sei es von Naturvölkern in Afrika, Asien oder auf dem amerikanischen Kontinent, aus verschiedenen alten Hochkulturen auf der ganzen Welt. Viele der heute noch verwendeten Steine wurden dabei nicht nur als Heilsteine genutzt, sondern hatten auch eine religiöse oder magische Bedeutung.
So verschieden die Kulturen waren, in denen Heilsteine verwendet wurden, und so unterschiedlich dabei die Anwendungsarten waren, so ähnlich sind doch die Beschreibungen über die Heilkräfte und Bedeutungen verschiedener Steine. Da die Steinheilkunde aus der Erfahrung und aus langer Beobachtung über viele Generationen hinweg entstand, ist es auch nicht verwunderlich, dass bestimmte Steine selbst auf verschiedenen Kontinenten zu ähnlichen Zwecken eingesetzt wurden.
Im europäischen Raum war das Wissen um die heilenden Kräfte der Steine schon im Altertum sowohl in Griechenland als auch im Römischen Imperium verbreitet, wobei große Teile dieses Wissens ihren Ursprung wiederum im alten Ägypten hatten. Die Geschichte der Steinheilkunde zieht sich durch das gesamte Mittelalter – Beispiele dafür finden sich unter anderem in den Schriften von Hildegard von Bingen (1098–1179), in denen sie über das Heilen mit Edelsteinen berichtet. In der modernen Edelsteintherapie werden Heilsteine für die Behandlung der unterschiedlichsten Leiden verwendet.
Wie die Bachblütentherapie ist auch die Edelsteintherapie eine ganzheitliche Behandlungsmethode, die sich nicht nur auf die Behandlung körperlicher Symptome beschränkt, sondern auch die zugrunde liegenden Störungen im harmonischen Zusammenspiel von Körper, Seele und Geist mit einbezieht. Die Heilkraft der Steine selbst ist mit herkömmlichen

wissenschaftlichen Methoden nicht messbar, da sie auf der feinstofflichen Energie der Steine basiert. Ihre Heilwirkungen hängen somit auch nicht mit ihrer Zusammensetzung zusammen, sondern mit der Energie, die sie auf feinstofflicher Ebene ausstrahlen. Deshalb eignen sich Heilsteine auch sehr gut für die Harmonisierung der Chakras, die für feinstoffliche Energien besonders empfänglich sind. Schon im alten Indien wurden Heilsteine genutzt, um mit den Chakras zu arbeiten – doch erst in den letzten Jahrzehnten haben sich das Wissen um die inneren Kraftzentren und die heilende Energie von Edelsteinen zu einer besonders effektiven Heilmethode verknüpft.

Die Farbwirkungen der Heilsteine

Heilsteine konzentrieren die Kraft der Farben besonders stark und strahlen sie deshalb auch kräftiger aus als andere farbige Gegenstände. Der Einfluss der Farben hängt somit eng mit der Heilwirkung der entsprechenden Steine zusammen. Gleichzeitig gibt die Farbe eines Steins wichtige Hinweise auf die Art seiner Heilwirkung, da Steine gleicher Farbe in vielen Fällen zumindest eine ähnliche Wirkung aufweisen.
Rote Heilsteine wirken sehr aktivierend, sie stärken die Willenskraft und haben meist auch eine erotisierende Wirkung. Auch auf körperlicher Ebene sind sie sehr anregend, sie fördern den Stoffwechsel und alle wichtigen Lebensfunktionen. Gelbe Steine haben ebenfalls eine anregende Wirkung, die sich aber mehr auf die Gemütsverfassung bezieht, sie heben die Stimmung und lösen Blockaden auf. Auch gelbe Steine stärken die Körperfunktionen und insbesondere das Immunsystem.
Blaue Heilsteine dagegen beruhigen bei Ängsten und Sorgen, und ihr Einfluss ist sehr befreiend. Auch in körperlicher Hinsicht lösen sie Spannungen und Verkrampfungen und haben meist eine verdauungsfördernde Wirkung. Grüne Steine wir-

ken indes vor allem ausgleichend und harmonisierend, verleihen Hoffnung und schenken neuen Mut – ferner fördern sie die Regeneration des Körpers und entgiften die verschiedenen Körpergewebe.
Klare Heilsteine wie der bekannte Bergkristall haben oft eine sehr umfassende Wirkung, sie wirken sich jedoch immer auch auf Seele und Geist klärend aus und fördern Einsicht und Verständnis. Außerdem wirken sie reinigend und befreiend auf den Körper und stärken ihn mit neuer Energie.

Sie werden feststellen, dass die folgende Zuordnung der Heilsteine zu den Chakras nicht immer genau der entsprechenden Farbzuordnung entspricht. Das liegt daran, dass die Farbwirkung nur einen Teilaspekt der Heilwirkung dieser Steine darstellt, während ihre feinstoffliche Energie den wesentlichen Anteil daran hat. So ist beispielsweise der gelbe Citrin hervorragend dazu geeignet, die Energie des 1. Chakras zu harmonisieren, obwohl Gelb eigentlich die Farbe des 3. Chakras ist – die Farbwirkung trägt bei diesem Stein zwar zu seiner Wirkungskraft bei, aber eigentlich ist seine feinstoffliche Energie ausschlaggebend.

Vertrauen Sie Ihrer Intuition

Auch wenn die Nutzung von Heilsteinen auf teils Jahrtausende alten Erkenntnissen beruht, sollten Sie sich bei der Auswahl eines geeigneten Steins und der passenden Anwendung nie ausschließlich auf die gängigen Überlieferungen verlassen. Beim Umgang mit Heilsteinen spielt die Intuition eine große Rolle, hören Sie daher auch immer auf Ihre innere Stimme! Wenn Sie sich anhand der Beschreibungen für einen bestimmten Stein interessieren, dann nehmen Sie ihn am besten zuerst einmal in Ruhe für einige Minuten in die Hand und spüren seiner Ausstrahlung nach.
Mit etwas Übung bekommen Sie schnell ein Gespür da-

für, ob Ihnen der betreffende Stein auch wirklich zusagt. Auf dieselbe Weise können Sie auch vorgehen, wenn Sie einen Heilstein kaufen möchten. Wählen Sie spontan einen Stein aus der entsprechenden Auswahl und spüren Sie nach, ob er zu Ihnen passt und Ihnen gut tut. Und wie gesagt: Ihre Intuition ist dabei der beste Ratgeber.
Es lohnt sich auf jeden Fall, selbst Erfahrungen mit der heilenden Kraft der Steine zu sammeln und die verschiedenen Anwendungsmöglichkeiten in Ruhe auszuprobieren. So finden Sie am besten heraus, wie Sie Heilsteine gezielt zur Gesundheitspflege und für die Harmonisierung Ihrer Chakras einsetzen können.

Tipps für die Anwendung

Heilsteine eignen sich sehr gut zur Gesundheitsvorsorge, weil sie einfach anzuwenden sind und keine schädlichen Nebenwirkungen hervorrufen können. Dies gilt vor allem dann, wenn man sie zur Harmonisierung der Chakras einsetzen möchte. Heilsteine können auf verschiedene Weise sowohl äußerlich als auch innerlich durch die Einnahme von Heilsteinwasser oder Heilsteinelixier verwendet werden.

Auflegen der Steine

Am häufigsten werden Heilsteine direkt auf den Körper aufgelegt oder als Anhänger oder Kette direkt auf der Haut getragen. Für die Harmonisierung der Chakras eignet sich das Auflegen von Heilsteinen besonders gut. Der entsprechende Stein kann einfach auf Höhe des zu behandelnden Chakras auf den Körper gelegt werden. Am günstigsten ist es, wenn er dabei Hautkontakt hat, aber auch durch dünne Kleidung wird seine Energie vom Chakra aufgenommen.
Zum Auflegen eignen sich flache Steine am besten, runde Steine kann man aber auch einfach mit den Händen an der entsprechenden Stelle halten. Der Heilstein sollte 5 bis 10

Minuten lang aufgelegt werden, damit er seine Wirkung gut entfalten kann. Ideal ist es, wenn man sich vorher einige Minuten Zeit nimmt, um zur Ruhe zu kommen und sich auf das entsprechende Chakra einzustimmen.
Viele Heilsteine können in bestimmten Situationen oder für einige Tage bei sich getragen werden. Dann ist es sinnvoll, den Stein in der Nähe des entsprechenden Chakras zu tragen, beim 4. Chakra und 5. Chakra beispielsweise als Anhänger oder Kette um den Hals, beim 1. Chakra, 2. Chakra und 3. Chakra dagegen eher in der Hosentasche. Kleine Steine können Sie dabei sogar mit einem Pflaster aufkleben. Grundsätzlich ist es günstig, wenn der Stein Hautkontakt hat oder Sie ihn wenigstens von Zeit zu Zeit in die Hand nehmen.

Innere Anwendung

Sie können die wohltuende Wirkung der Heilsteine auch nutzen, indem Sie sie innerlich als Heilsteinwasser oder Heilsteinelixier anwenden. Auch in dieser Form können sie ihre ausgleichende Wirkung auf die Chakras gut entfalten. Heilsteinwasser und -elixier können Sie mit Hilfe der entsprechenden Heilsteine leicht selbst herstellen:

1. Heilsteinwasser

Um Heilsteinwasser zu erhalten, legen Sie einen mindestens murmelgroßen Heilstein über Nacht in ein Glas reines Quellwasser ohne Kohlensäure, das Sie mit einem Tellerchen abdecken. Das so gewonnene Heilsteinwasser sollte gleich am folgenden Tag verwendet werden, indem man es über den Tag verteilt in kleinen Schlucken zu sich nimmt. Sie können den oder die Heilsteine aber auch in eine große Wasserkaraffe legen und immer wieder frisches Wasser nachgießen.

2. Heilsteinelixier

Heilsteinelixier wird mit Hilfe von Rotwein gewonnen. Der Heilstein wird dafür in ein kleines Glas Rotwein gelegt, das man einen halben Tag lang bedeckt stehen lässt. Verwenden Sie möglichst trockene, hochqualitative Rotweinsorten. Heilsteinelixier kann man für ein paar Tage im Voraus herstellen – man nimmt davon drei Mal täglich einen Teelöffel voll ein.

Heilsteingruppen aufstellen

Schließlich kann man die Kraft der Heilsteine auch noch nutzen, indem man eine Heilsteingruppe im Wohn- oder Schlafzimmer oder an einem Meditationsplatz aufstellt. Mit entsprechend großen Heilsteinen kann man im ganzen Raum für eine besonders wohltuende Atmosphäre sorgen, während sich die Wirkung kleinerer Steingruppen vor allem in deren direktem Umkreis entfaltet. Die Wirkung von Heilsteingruppen wird noch verstärkt, wenn man sich beispielsweise bei der Meditation bewusst dafür öffnet.

Achat

Schon im alten Griechenland war dieser Stein unter der Bezeichnung »achates« bekannt und wurde, wie später auch bei den Römern, als Heilstein eingesetzt. Wegen seiner abwechslungsreichen Färbungen und Maserungen war er aber auch als Schmuckstein sehr beliebt. In Form von Ketten und Amuletten wurde der Achat Reisenden gerne als Glücksbringer mit auf den Weg gegeben.
Achate stammen heute vorwiegend aus Mexiko, Brasilien, Indien und Deutschland. Sie können viele verschiedene Farben haben – besonders häufig sind Blau-, Rot- und Brauntöne. Dem Achat wird eine starke Wirkung gegen schädliche Einflüsse nachgesagt, weshalb er als Schutzstein sehr beliebt ist. Während braune Achate das Sakralchakra harmonisieren, gleichen rote das Nabelchakra und blaue das Halschakra aus. In der Edelsteintherapie werden Achate vor allem in der Schwangerschaft sowie zur Stärkung des Immunsystems oder in psychisch belastenden Situationen eingesetzt.

Amethyst

Der Amethyst war im alten Griechenland unter dem Namen »amethystos« bekannt. Dessen Bedeutung »nicht trunken« weist schon darauf hin, dass er zum Schutz vor Trunkenheit aber auch vor Verwirrung getragen wurde. Der Amethyst wurde von vielen Völkern sehr geschätzt, weil er auch als Schutz gegen böse Geister und Dämonen galt. Buddhistische Mönche verwenden Amethyste außerdem wegen ihrer beruhigenden und Klarheit spendenden Wirkung bei der Meditation.

Amethyste werden heute vor allem in Australien, Sri Lanka, Brasilien und Mexiko gefunden. Ihre Farbe ist violett, und je intensiver die Färbung ist, desto stärker ist auch die Wirkung des Steines.

Die Wirkung des Amethysts liegt vor allem auf geistiger Ebene, er stärkt die Geisteskräfte und schenkt sowohl Klarheit als auch tiefe Einsichten. Außerdem kann man mit diesem Stein die Energien des 7. Chakras sehr gut ins Gleichgewicht bringen. In der Edelsteintherapie wird der Amethyst vor allem eingesetzt, um Konzentrationsstörungen, Kopfschmerzen oder Schlafstörungen zu lindern. Bei großem Stress oder innerer Unruhe kann er ebenfalls eine große Hilfe sein.

Aquamarin

Der Name des Aquamarins leitet sich vom lateinischen »aqua marina« ab, was Meerwasser bedeutet, denn die blau-grüne Farbe dieses Steins hat oft die gleiche Klarheit wie Meerwasser. Der Aquamarin spielte bereits in vielen Legenden und Mythen eine große Rolle. Im frühen Christentum galt er als Symbol für die Unbeflecktheit Marias. Aquamarine wurden aber auch ganz konkret als Heilsteine verwendet. In der Tibetischen Medizin haben sie heute noch wegen ihrer intensiven Heilwirkung eine besonders große Bedeutung.

Die wichtigsten Fundstätten liegen in Myanmar, Sibirien, Brasilien und den USA. Der Aquamarin hat eine grünliche bis hellblaue Farbe, wobei blaue Aquamarine seltener und wertvoller sind als grünliche.

Der Aquamarin hat eine sehr beruhigende und harmonisierende Wirkung und empfiehlt sich sehr, um die Energien des Hals- und Stirnchakras auszugleichen. Aquamarine werden in der Edelsteintherapie vor allem bei Allergien oder Abwehrschwäche eingesetzt. Auch bei innerer Unruhe und Verwirrung kann die beruhigende Wirkung des Aquamarins eine große Hilfe sein. Bei schwierigen Entscheidungen trägt dieser Stein dazu bei, dass man leichter die richtige Wahl trifft.

Bergkristall

Der Bergkristall ist der am häufigsten vorkommende Kristall und daher in fast allen Kulturen bekannt. Er gilt meist als Symbol der Reinheit und spielte schon in den kultischen Handlungen so unterschiedlicher Völker wie der Römer und der Azteken eine große Rolle. Oft wird er auch als Schutzstein verwendet, der negative Energien und böse Geister abwehren soll.
Die größten Fundstätten für Bergkristalle liegen heute in den USA, in Brasilien und im Alpenraum. Das Besondere am Bergkristall ist seine Klarheit – die wirkungsvollsten Bergkristalle sind so klar und durchscheinend wie Wasser.
Die reinigenden und klärenden Wirkungen des Bergkristalls wirken sich positiv auf alle Chakra-Typen aus. In der Edelsteintherapie wird der Bergkristall eingesetzt, um die positive Wirkung anderer Heilsteine zu unterstützen. Man kann ihn aber auch gut dafür verwenden, zu Hause eine energiegeladene, schützende Atmosphäre zu schaffen.

Bernstein

Bernstein wurde schon in der Steinzeit verwendet, um Schmuck und schützende Amulette herzustellen. Da er aus dem versteinerten Harz von Nadelbäumen besteht, finden sich oft Einschlüsse von Pflanzenteilen oder Tieren in ihm. Er wurde daher als besonders magischer Stein angesehen und oft zum Schutz vor bösen Geistern und Dämonen getragen. Vor allem im Norden war der Stein bei Reisenden sehr beliebt. Kindern schenkte man oft kleine Bernstein-Anhänger zum Schutz und als Glücksbringer.
Die meisten Bernsteine stammen heute aus dem Baltikum und aus Sibirien, Kanada oder Australien. Bernstein ist durchscheinend und von gelblich-brauner Farbe, die an klaren Honig erinnert.
Bernstein strahlt eine sehr warme, lebendige Energie aus, die die Lebenskraft und das Selbstvertrauen stärkt. Er gleicht sowohl das 2. als auch das 3. Chakra auf besonders sanfte Weise aus. In der Edelsteintherapie wird er gegen Stoffwechselkrankheiten aber auch bei Hautausschlägen oder Asthma eingesetzt.

Blauer Saphir

Der Blaue Saphir zählt seit je zu den begehrtesten Edelsteinen. Im Altertum galt dieser Stein als Stein der Weisheit und Erkenntnis – in Ägypten und Griechenland wurde er als Heilstein hochgeschätzt. Darüber hinaus war der Blaue Saphir der Stein der Könige und Herrscher, da ihm nachgesagt wurde, Wissen und große Macht auf seine Träger zu übertragen.

Blaue Saphire werden heute vor allem in den USA, in Australien, Indien, Sri Lanka und China gefunden. Sie sind durchscheinend und haben eine blaue bis tiefblaue Farbe. Je intensiver der Blauton ist, desto stärker die Wirkung.

Der Blaue Saphir hat eine stark aktivierende Wirkung und schenkt seinem Träger viel Energie. Die Energie der oberen drei Chakras wird von ihm ins Gleichgewicht gebracht. Der Blaue Saphir wird in der Edelsteintherapie gegen Verwirrungs- und Wahnzustände und zur Bekämpfung von Ängsten und Panikattacken eingesetzt. Außerdem kann er bei der Behandlung von Erkrankungen des Bewegungsapparates sehr hilfreich sein, beispielsweise bei Gicht oder Rheuma.

Blauer Turmalin

Der Blaue Turmalin war schon in der Antike ein gefragter Schmuckstein, der oft in Schutzamuletten verarbeitet wurde. In Nordamerika wurde der Blaue Turmalin bei besonderen Zeremonien verwendet, bei denen Kontakt zur Geisterwelt und zu den Ahnen gesucht wurde, und auch in bestimmten Heilungsritualen spielte dieser Stein eine große Rolle.

Blaue Turmaline stammen heute vorwiegend aus Pakistan und Afghanistan sowie aus den USA. Sie sind durchscheinend und von mehr oder weniger intensiver blauer Färbung.

Die Stärke des Blauen Turmalins liegt darin, den Geist zu stärken und den Blick für die Wirklichkeit wie auch für andere Bewusstseinsebenen zu schärfen. In der Edelsteintherapie wird der Blaue Turmalin vor allem dafür verwendet, um die Geistesfunktionen anzuregen und Konzentrations- bzw. Gedächtnisstörungen sowie Erkrankungen des Gehirns zu behandeln. Der Blaue Turmalin hat auch eine das Immunsystem stärkende und entzündungshemmende Wirkung, sodass er außerdem für die Behandlung der verschiedensten Infektionskrankheiten von Kinderkrankheiten bis hin zur Grippe genutzt werden kann.

Chrysopras

Der Chrysopras war bei den Griechen und Ägyptern wegen seiner Seltenheit und seiner Heilkräfte hochgepriesen. In Griechenland wurde er unter anderem dafür verwendet, Unfruchtbarkeit und Geisteskrankheiten zu behandeln. Auch im alten Ägypten wurde er als wichtiger Heilstein benutzt und in Schutzamulette gegen negative Einflüsse eingearbeitet.

Die Hauptvorkommen des Chrysopras liegen heute in Indien, Südafrika, Australien und Brasilien. Er ist apfelgrün und hat goldene Flecken.

Dem Chrysopras wird insbesondere auf geistiger Ebene eine klärende Wirkung zugesprochen, durch die er Unsicherheiten auflösen und zu tiefen Einsichten verhelfen kann. Er harmonisiert sowohl das Herzchakra als auch das Scheitelchakra. Chrysoprase werden in der Edelsteintherapie bei Herz- und Kreislauferkrankungen und zur Blutreinigung eingesetzt. Wer unter Bluthochdruck leidet, kann besonders gut von den heilenden Kräften dieses Steins profitieren. Auf psychischer Ebene wird der Chrysopras eingesetzt, um bei Stimmungsschwankungen und innerer Unruhe Klarheit und geistige Ausgeglichenheit zu finden.

Citrin

Nicht nur wegen seiner Farbe, sondern auch wegen seines Einflusses war der Citrin in so weit voneinander entfernten Kulturen wie im alten Ägypten und Indien jeweils dem Sonnengott geweiht. Der Citrin wurde häufig dazu verwendet, um Schutzamulette für Krieger und Soldaten anzufertigen, die ihnen Kampfeskraft und Mut verleihen sollten. Aber auch sonst war er sehr beliebt, da man ihm eine kraftspendende und stärkende Wirkung zuschrieb.

Citrine werden heute vor allem in Spanien, Frankreich und den USA gefunden. Der Citrin ist nicht zitronengelb, wie sein Name vermuten lässt, sondern eher von blassgelber Farbe. Leuchtend gelbe Steine sind meist künstlich durch das Brennen von Amethysten hergestellt, sie haben dann natürlich nicht die gleiche Wirkung wie echter Citrin.

Der Citrin verleiht Optimismus und stärkt das Selbstvertrauen, daher wird er sehr gerne als Schutz- und Glücksstein getragen. Mit seiner Hilfe kann man sehr gut die ersten beiden Chakras ausgleichen. Er wird in der Edelsteintherapie oft dazu eingesetzt, um die seelischen Voraussetzungen für eine Heilung zu verbessern, da er die Lebensgeister stärkt und neuen Mut verleiht. Außerdem regt er den Stoffwechsel und das Immunsystem an und kann den Hormonhaushalt positiv beeinflussen. Der Citrin kann jedoch auch eine große Hilfe für alle sein, die unter depressiven Verstimmungen leiden oder starkem Stress ausgesetzt sind.

Feueropal

Der Feueropal, dem magische Kräfte nachgesagt worden sind, wurde schon früh als Schutzstein verehrt. In Indien wurde er als Schutz vor Schicksalsschlägen verwendet, und in der Antike galt der Feueropal als Stein der Liebe. Er wurde von Griechen und Römern sehr geschätzt, da sie glaubten, mit seiner Hilfe mit den Göttern kommunizieren zu können. Feueropale werden vor allem in Brasilien und in den USA gefunden, weitere wichtige Vorkommen bestehen in Australien und auf Java. Das Besondere am Feueropal ist sein feuerroter Farbton, dem er seinen Namen verdankt.
Der Feueropal schenkt Energie und Selbstvertrauen und verleiht seinem Träger eine warme und einnehmende Ausstrahlung. In der Edelsteintherapie wird der Feueropal häufig zur allgemeinen Stärkung sowie zur Behandlung von Bluterkrankungen eingesetzt. Wer unter Ängstlichkeit, Schüchternheit oder Nervosität leidet, kann durch das Tragen eines Feueropals mehr Gelassenheit und Selbstsicherheit entwickeln.

Gelber Jaspis

Der Gelbe Jaspis war schon in der Antike bei Griechen und Ägyptern als Heilstein bekannt, jedoch wurde er hauptsächlich als Aphrodisiakum eingesetzt. Außerdem wurde Gelber Jaspis von Ehepaaren als Glücksstein verwendet, um Streitigkeiten zu vermeiden und eine dauerhaft glückliche Ehe zu sichern.
Gelber Jaspis stammt heute vorwiegend aus den USA, Indien und Ägypten. Jaspis wird auch in dunkelroten und bräunlichen Tönen angeboten, die Wirkung dieser Steine entspricht dennoch nicht völlig der von Gelbem Jaspis.
Der Gelbe Jaspis fördert die Offenheit und das Mitgefühl für andere und erleichtert das Verständnis für sie. Er eignet sich besonders gut dafür, die unteren Chakras zu harmonisieren. In der Edelsteintherapie wird der Stein dazu verwendet, Darmerkrankungen zu behandeln und die Verdauung zu stärken.

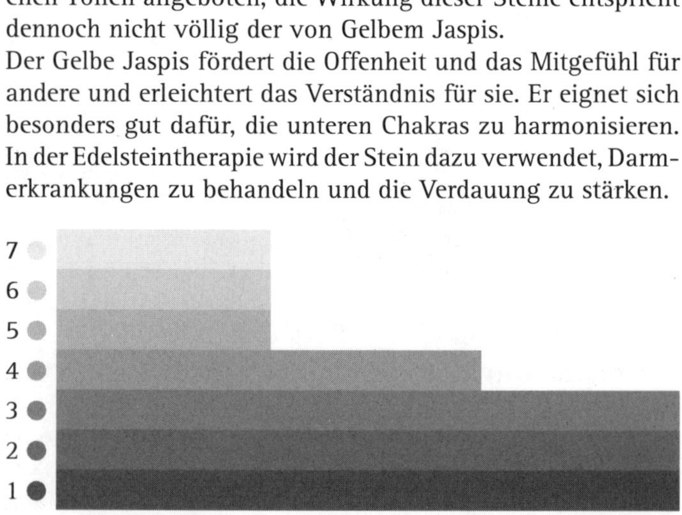

Goldtopas

Der Goldtopas wurde schon in der Antike in Schutz- und Glücksamuletten verarbeitet. Er war nicht nur im Mittelmeerraum bekannt, sondern ebenso in Indien, wo er als Heilstein und zur Vertiefung der Meditation eingesetzt wurde.

Goldtopase kommen heute meist aus den USA, aus Indien oder Brasilien. Sie sind von durchscheinend gelber Farbe, was sie von farblosen, blauen oder weißen Topasen unterscheidet.

Der Goldtopas hat eine reinigende und befreiende Wirkung, durch die er auch hartnäckige Blockaden auflösen kann. Mit einem Goldtopas kann man sehr gut die Energien des Nabel- als auch Scheitelchakras ins Gleichgewicht bringen. Der Goldtopas wird in der Edelsteintherapie eingesetzt, um Störungen im Immunsystem auszugleichen und die Rekonvaleszenz zu fördern. Er kann jedoch auch wirkungsvoll dazu beitragen, Essstörungen in den Griff zu bekommen.

Granat

Der Granat war im Mittelalter einer der wichtigsten und beliebtesten Edelsteine, dem magische Kräfte zugeschrieben wurden und von dem es hieß, dass er im Dunkeln von selbst leuchtet. Er wurde jedoch auch schon im alten Rom als Schmuck- und Heilstein hoch geschätzt, und sein Name

leitet sich von der lateinischen Bezeichnung »lapis granatus« (gekörnter Edelstein) her.
Die Hauptvorkommen von Granat befinden sich heute in den USA, in den Alpen und in Sri Lanka. Granate sind sehr vielfältig und kommen in den Farben Rot, Braun, Schwarz, Blau, Grün oder Orange vor, als Heilstein ist jedoch nur der rote Granat von Bedeutung.
Der Granat verdankt seine Wichtigkeit dem Umstand, dass er ein hervorragender Kraftspender ist, der die Seele mit neuer Energie auflädt. Er ist ideal, um die Energien des Wurzel- und Sakralchakras ins Gleichgewicht zu bringen. Da der Granat auch auf körperlicher Ebene viel Energie verleiht, wird er in der Edelsteintherapie verwendet, um nach langen Krankheiten, bei sexuellen Problemen oder bei Alterserscheinungen die Lebensfunktionen anzuregen. Auch bei Traurigkeit oder depressiven Verstimmungen ist es sehr günstig, einen Granat direkt auf der Haut zu tragen.

Hämatit

Der Name Hämatit hat seinen Ursprung in der griechischen Bezeichnung für »Blut«. Hämatit hat die Besonderheit, dass er beim Schleifen das dabei verwendete Wasser rötlich färbt. In früheren Zeiten erschien es den Menschen so, als würde der Stein dabei bluten. Heute weiß man allerdings, dass dieses Phänomen auf seinen hohen Eisenoxyd-Gehalt zu-

rückzuführen ist. Im Altertum wurde der Hämatit von vielen Soldaten mit in die Schlacht genommen, weil er der Legende nach vor Verletzungen schützen sollte.
Hämatit wird heute vor allem in den Alpen, in Schweden und in den USA gefunden. Er ist von dunkelgrau-metallischer Farbe und fällt insbesondere durch seinen metallischen Glanz auf.
Der Hämatit hat eine sehr ursprüngliche und erdverbundene Energie. Das 1. Chakra lässt sich sehr gut mit seiner Hilfe ausgleichen. Da er vor allem eine starke Wirkung auf das Blut hat, wird er nach wie vor gerne als Schutz- und Heilstein getragen. In der Edelsteintherapie wird der Hämatit bei allen blutenden Verletzungen eingesetzt, weil er dazu beiträgt, dass sie schnell und komplikationslos verheilen. Auch bei Blutarmut kann er eine sehr positive Wirkung haben. Darüber hinaus kann ein Hämatit neuen Mut und Willenskraft verleihen, wenn man sich in schwierigen Situationen resigniert und unentschlossen fühlt.

Hyazinth

Der Hyazinth, der der Legende nach vom Gott Apollon geschaffen wurde, war wegen seiner Schönheit schon früh in der Geschichte im gesamten Mittelmeerraum hoch geschätzt. Häufig wurde er auch in Kultgegenstände und Ritualgewänder eingearbeitet.

Heute kommt der Hyazinth vor allem aus Australien, Madagaskar und Sri Lanka, und auch in Norwegen gibt es bedeutende Vorkommen. Ein echter Hyazinth ist klar oder von durchscheinend roter Farbe.
Der Hyazinth hat eine sehr starke Heilkraft, die sowohl auf seelischer wie auch auf körperlicher Ebene bei den verschiedensten Leiden hilft. Man kann ihn zur Harmonisierung aller Chakras, vor allem aber des 1. und 7. Chakras verwenden. Wegen seiner umfassenden Wirkung wird er in der Edelsteintherapie bei einer Vielzahl von Erkrankungen und vor allem bei fieberhaften Prozessen eingesetzt. Bei allen Problemen im Bereich der Lunge und der Verdauungsorgane ist er ebenfalls besonders hilfreich. In Zeiten persönlicher oder beruflicher Krisen ist der Hyazinth ein sehr empfehlenswerter Stein, der Energie und Durchhaltevermögen schenkt.

Jade

Jade galt in China schon zu Urzeiten als der wertvollste und wichtigste Edelstein, der bei der Herstellung von Schmuck und einer Vielzahl von Kunstgegenständen verwendet wurde. Die Jade war jedoch auch in Arabien und Ägypten bekannt und vor allem als Schutzstein sehr gefragt. Aus ihr wurden besondere Amulette hergestellt, die ihrem Träger Frieden und Verständnis schenken und ihn vor Konflikten schützen sollten. Außerdem wurde sie als Stein der Liebe

verehrt und besonders gerne als Hochzeitsschmuck verwendet.
Jade wird nach wie vor in großen Mengen in China, Tibet und Myanmar gefunden, aber auch in Kanada gibt es wichtige Vorkommen. Ihre Farbe variiert von hell- bis dunkelgrün, manchmal finden sich sogar weiße oder grau gefleckte Steine.
Die wichtigste Eigenschaft von Jade ist ihre beruhigende und besänftigende Energie. Jade eignet sich besonders gut für die Harmonisierung des 3. und 4. Chakras. Sie wird in der Edelsteintherapie vor allem bei der Behandlung von Nieren- und Blasenleiden verwendet, aber auch zur Stärkung des Immunsystems wird sie häufig erfolgreich eingesetzt. Außerdem ist es sehr günstig, Jade bei sich zu tragen, wenn man gelegentlich zu Temperamentsausbrüchen neigt oder schwierige, konfliktträchtige Verhandlungen führen muss.

Koralle

Korallen sind die Kalkskelette von Meereslebewesen, die in tropischen und subtropischen Gewässern gedeihen und zur Bildung der bekannten Korallenriffe beitragen. Sie wurden in vielen alten Kulturen zu Schmuck verarbeitet und als Symbol der Liebe betrachtet. In Ägypten wurden Korallen als Grabbeigabe in den Königsgräbern gefunden, dort sollten sie als Schutz gegen das Böse dienen und der Seele den Über-

gang ins Jenseits erleichtern. Auch in afrikanischen Kulturen gelten Korallen seit jeher als Schutzsteine, die bösen Zauber abwehren.
Korallen kommen heute meist aus Australien, Afrika oder Japan, wo in den warmen Küstengewässern günstige Bedingungen für ihr Wachstum herrschen. Es gibt sie in weiß, schwarz, rosa, orange oder rot, wobei die roten Stücke die intensivste Heilwirkung besitzen.
Korallen gelten seit Jahrtausenden als Symbol der Liebe, und ihre wichtigste Eigenschaft ist, dass sie die Kraft der Liebe ausstrahlen und das Herz ihrer Träger öffnen. Sie gleichen auf sehr sanfte Weise die Energien des Wurzel- und Nabelchakras sowie auch des Herzchakras aus. Am wichtigsten für die Edelsteintherapie ist ihr Einfluss auf das Herz und den Blutkreislauf – sie harmonisieren den Blutdruck und lindern Herzbeschwerden. Außerdem schenken sie neue Energie, wenn man unter Erschöpfungszuständen oder Müdigkeit leidet.

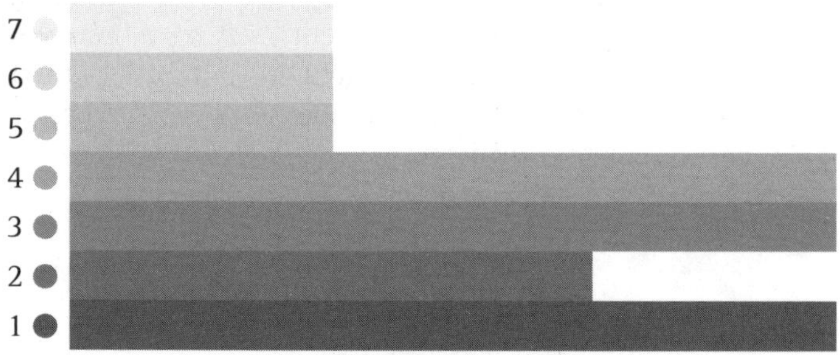

Lapislazuli

Der Name Lapislazuli hat seine Wurzeln im lateinischen »lapis« (Stein) und im arabischen »azul« (Himmel). Der Lapislazuli wird schon seit Jahrtausenden als Schmuckstein verwendet, aber schon von den Assyrern wurde er auch als »Himmelsstein« mit göttlicher Macht verehrt. Der Lapislazuli wird von vielen Völkern auf der ganzen Welt als Heilstein sehr geschätzt. In Südamerika gilt er außerdem als Schutz gegen böse Mächte und wird in einigen Stämmen auch bei Regenzeremonien verwendet.

Lapislazulis werden heute vor allem in Afghanistan und den Staaten der GUS gefunden, aber auch in Chile gibt es bedeutende Vorkommen. Sie können verschiedene Blautöne aufweisen – dunkelblaue Steine sind jedoch wertvoller und wirksamer als hellblaue.

Der Lapislazuli hat starke klärende und reinigende Kräfte, durch die er schlechten Einflüssen und negativen Gedanken entgegenwirken kann, deshalb wird er auch gerne als Schutzstein getragen. Er ist ideal dafür geeignet, um die Energie des 6. Chakras ins Gleichgewicht zu bringen. Auch in der Edelsteintherapie wird er vorwiegend bei Beschwerden im Kopfbereich eingesetzt, etwa bei Kopfschmerzen, Migräne oder Augenerkrankungen. Der Lapislazuli stärkt außerdem das Immunsystem und wirkt entzündlichen Prozessen entgegen. Daher eignet er sich auch sehr gut für die Behandlung von Stirnhöhlen- oder Nebenhöhlenentzündungen. Wer vor einer schwierigen Entscheidung steht oder generell unter Unentschlossenheit leidet, kann von der Wirkung des Lapislazuli ebenfalls sehr profitieren.

Onyx

Der Onyx wird seit dem Altertum als Heilstein eingesetzt und wurde schon früh wegen seiner ausgezeichneten Wirksamkeit hochgepriesen. Er hatte für Griechen und Römer jedoch auch religiöse Bedeutung und wurde anlässlich von Zeremonien verwendet, um mit den Göttern zu kommunizieren. Auch in Südamerika war dieser Stein Bestandteil vieler Heilungszeremonien.

Die Hauptvorkommen von Onyx befinden sich in Südamerika, in den USA sowie in Indien. Onyx ist ein schwarzer Stein, der jedoch oft weiß gebändert ist.

Der Onyx ist als Heilstein so wirksam, weil er ein starker Energiespender ist. Er harmonisiert alle Chakras, besonders wohltuend ist seine Energie jedoch für das 7. Chakra. In der Edelsteintherapie wird der Onyx vor allem bei bakteriellen Infektionen oder Virusinfektionen wie beispielsweise Grippe verwendet, weil er das Immunsystem kräftigt. Auch bei den verschiedenen Kinderkrankheiten ist seine Heilkraft sehr hilfreich. Der Onyx wird häufig auch bei der Behandlung von Augenleiden eingesetzt, auf die er ebenfalls eine sehr günstige Wirkung hat. Außerdem kann man den Onyx sehr gut dafür nutzen, um in Krisenzeiten bei Kräften zu bleiben, da er Erschöpfung und Müdigkeit vertreibt.

Opal

Der Opal war für viele alte Völker ein magischer Stein, denn es hieß, dass er den Kontakt zu höheren Mächten herstellt. Während er in Griechenland und im alten Rom als Stein der Liebe und des Vertrauens betrachtet wurde, war er in Indien ein wichtiger Schutzstein, der alle Widrigkeiten des Schicksals abwehren sollte. Am längsten wird der Opal vermutlich schon von den Aborigines in Australien verwendet, die ihn als Schmuck und als wichtigen Heilstein schätzen.
Opale kommen heute vorwiegend aus Australien und Brasilien, sie werden aber auch in den USA gefunden. Sie können schwarz, blau, grün oder auch weiß auftreten und zeigen regenbogenartige Farbenspiele.
Opale zeichnen sich durch ihre warme und stärkende Energie aus, die das Selbstvertrauen unterstützt und alle Ängste beruhigt. Sie harmonisieren vor allem die oberen beiden Chakras. Der Opal wird in der Edelsteintherapie hauptsächlich bei allen Erkrankungen des Blutes genutzt. Er kann jedoch auch bei Magenleiden und Verdauungsbeschwerden gute Dienste leisten. Ängstliche oder nervöse Menschen profitieren außerdem davon, wenn sie einen Opal direkt auf der Haut bei sich tragen, weil er ihnen Kraft und Vertrauen spendet.

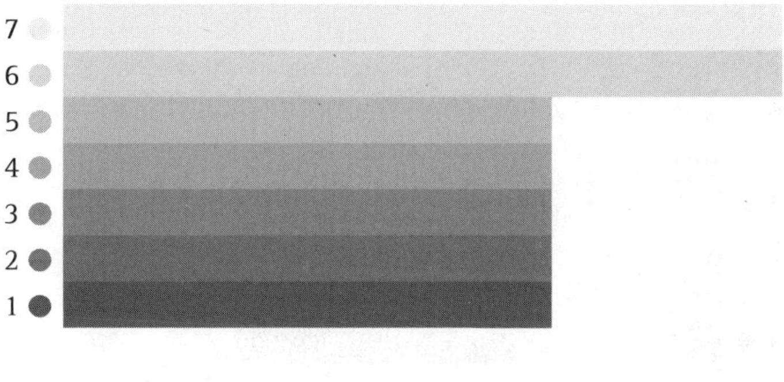

Rosenquarz

Der Rosenquarz ist seit jeher ein Symbol der Schönheit und Erotik. Im antiken Griechenland betrachtete man ihn gar als Geschenk des Liebesgottes Eros an die Menschheit. Von Afrika bis ins antike Rom galt dieser Stein außerdem als Stein der Fruchtbarkeit und wurde oft in Amulette für frisch verheiratete Frauen eingearbeitet. Im Mittelalter war der Rosenquarz in Europa als Aphrodisiakum beliebt.

Rosenquarz stammt heute meist aus den USA oder aus Brasilien, andere große Vorkommen finden sich auf Madagaskar sowie in Süd- und Ostafrika. Er ist hellrosa und leicht durchsichtig, wobei dem etwas kräftiger gefärbten Rosenquarz aus Madagaskar eine stärkere Wirkung zugesprochen wird.

Rosenquarz hat eine sehr wohltuende Ausstrahlung, die den Geist für Erotik und Sinnlichkeit empfänglich macht. Gleichzeitig hilft er dabei, alle Sorgen und negativen Gedanken und Emotionen leichter loszulassen. Rosenquarz ist ideal, um die Energien des 1., 2. und 4. Chakras auszugleichen. In der Edelsteintherapie wird dieser Stein für die Behandlung aller Beschwerden der weiblichen Brust bevorzugt ausgewählt. Er entfaltet seine heilende Wirkung jedoch auch sehr gut bei verschiedenen Hauterkrankungen und bei der Behandlung von Hautunreinheiten. Da Rosenquarz die Stimmung ausgleicht und besänftigt, eignet er sich gut für alle Menschen, die gelegentlich zu Wutanfällen neigen oder unter Stimmungsschwankungen und depressiven Verstimmungen leiden.

Rubin

Der Name Rubin leitet sich vom lateinischen »ruber« (rot) ab. Rubine gehörten schon in der Antike zu den wertvollsten Edelsteinen. Aufgrund ihrer leuchtend roten Farbe galten sie im alten Griechenland als Symbol für das Blut der Erde und waren zeitweise die am höchsten geschätzten Schmucksteine überhaupt. Die Römer betrachteten den Rubin als Stein der Liebe und Erotik.
Rubine stammen heute meist aus Thailand, Pakistan oder Myanmar. Sie sind normalerweise durchsichtig, und ihre Farbe variiert von Rosarot bis Purpur, wobei sattroten Steinen die größte Wirkung zugesprochen wird.
Dass der Rubin zu allen Zeiten so hoch geschätzt wurde, liegt unter anderem an seiner anregenden, warmen Ausstrahlung. Ihr verdankt er seine Bedeutung als Symbol der Liebe, und sie macht tatsächlich empfänglicher für Sinnlichkeit und Erotik. Mit Hilfe des Rubins lassen sich sowohl das 1. Chakra, das 2. Chakra als auch das 4. Chakra harmonisieren. Der Rubin wird in der Edelsteintherapie für die Behandlung aller sexuellen Probleme verwendet, da er sich sehr positiv auf die Geschlechtsorgane auswirkt. Außerdem kann er die verschiedensten Herz- und Kreislaufbeschwerden lindern. Wer keine Beschwerden hat, kann trotzdem seine Heilwirkung für vorbeugende Maßnahmen zur Gesundheitspflege nutzen, da der Rubin auch die Reinigung und Entgiftung des Blutes und der Leber unterstützt.

Smaragd

Smaragde zählten schon im Altertum zu den kostbarsten Edelsteinen. Vor allem in Griechenland und in Rom waren sie begehrte Schmucksteine, aber auch als Heilsteine waren sie sehr gefragt. In Ägypten galten diese besonderen Steine als Symbol der Weiblichkeit und Fruchtbarkeit und waren der Göttin Isis geweiht. Smaragde waren ebenfalls in Südamerika bekannt, wo sie bei der Behandlung schwerer Krankheiten eingesetzt und in besondere Glücksbringer eingearbeitet wurden.

Heute kommen Smaragde vor allem aus Pakistan und aus Indien sowie aus Kolumbien. Sie sind durchscheinend und von hell- bis dunkelgrüner Farbe.

Die Heilwirkung der Smaragde basiert auf ihren stark ausgleichenden Eigenschaften, durch die sie neue Energie schenken, aber auch überschüssige Energie absorbieren können. Smaragde können das 4. Chakra besonders gut harmonisieren. Sie können die Heilung von fast allen Erkrankungen fördern, in der Edelsteintherapie werden sie daher oft bei der Behandlung von chronischen Krankheiten und schweren, langwierigen Leiden genutzt. Auch Gleichgewichtsstörungen und Schwindelanfälle reagieren sehr positiv auf den Einfluss von Smaragden. Außerdem können sie starke Nervosität und innere Unruhe lindern, daher sind sie in schwierigen Situationen oft eine große Hilfe.

Tigerauge

Das Tigerauge zählt zu den schon am längsten verwendeten Schmuck- und Heilsteinen und wurde schon in frühen Zeiten als magischer Stein betrachtet. In der Antike wurde das Tigerauge sowohl von den Griechen als auch von den Römern verehrt, und auch in Arabien wurde es als wichtiger Schutzstein geschätzt. Dort galt das Tigerauge als Stein der Männlichkeit und der Entschlossenheit, der unter anderem dazu genutzt wurde, schwierige Entscheidungen zu erleichtern. Auf dem amerikanischen Kontinent hatte das Tigerauge eine ganz ähnliche Bedeutung und wurde vor allem bei Weissagungen und religiösen Zeremonien verwendet.

Die größten Vorkommen des Tigerauges finden sich in den USA, in Australien, Südafrika und Indien. Das Tigerauge ist goldgelb bis goldbraun schimmernd, und bei polierten Steinen zeigen sich wandernde Lichtschimmer.

Das Tigerauge ist ein Stein, der viel Kraft spendet. Seine Bedeutung als Stein der Entschlossenheit verdankt er dem Umstand, dass die Willenskraft und die Konzentration dank ihm gesteigert werden. Das Tigerauge gleicht ganz hervorragend die Energien des 2. und 3. Chakras aus. In der Edelsteintherapie wird es häufig für die Behandlung aller Erkrankungen der männlichen Geschlechtsorgane eingesetzt, es hilft jedoch auch sehr gut bei Krankheiten des Bewegungsapparates – von Gelenkschmerzen über Osteoporose bis hin zu Rheuma. Die kräftigende Wirkung des Tigerauges ist außerdem eine große Hilfe, wenn es darum geht, depressive Verstimmungen, Trostlosigkeit oder Mutlosigkeit zu überwinden. Wenn man eine schwierige Entscheidung zu treffen hat, kann es besonders behilflich sein, ein Tigerauge bei sich zu tragen.

Topas

Der Topas war in der Antike als Schutzstein sehr begehrt, und es wurden auch zahlreiche Glücksamulette aus Topas angefertigt. Der Stein symbolisierte Freiheit und Macht, die durch das Amulett auf seinen Träger übertragen werden sollten. Im alten Indien wurde der Topas dagegen häufig bei der Meditation und beim Rezitieren heiliger Texte eingesetzt, aber er spielte auch eine große Rolle in verschiedenen Heilungszeremonien.

Topas wird vor allem in Indien, Brasilien und in den USA gefunden, aber auch in Sri Lanka und im Ural gibt es bedeutende Vorkommen. Er ist durchscheinend und kann entweder farblos, von weißer oder von blauer Farbe sein. Gelber Topas wird Goldtopas genannt und hat eine leicht unterschiedliche Wirkung.

Allgemein hat Topas eine befreiende und reinigende Wirkung, durch die er psychische wie auch körperliche Blockaden umfassend löst. Außerdem schützt er vor schädlichen Einflüssen und hilft dabei, alle ungesunden Angewohnheiten aufzugeben. Der Topas vermag das 2. aber auch das 6. und 7. Chakra besonders gut auszugleichen. In der Edelsteintherapie wird der Topas erfolgreich verwendet, um Allergien oder Asthma zu behandeln. Weißer Topas beeinflusst außerdem alle Stoffwechselstörungen sehr positiv, während blauer

Topas gut gegen Erkrankungen im Hals- und Rachenbereich wirkt.

Türkis

Für viele alte Kulturen und Naturvölker war und ist der Türkis einer der wichtigsten Heil- und Schutzsteine. Er wurde bereits im alten Ägypten als Stein der Weisheit verehrt und vielfältig als Schmuck und Grabbeigabe verwendet. Auch in Tibet ist der Türkis von alters her ein begehrter Schmuckstein, der darüber hinaus religiöse Bedeutung hat und sowohl das Gebet als auch die Meditation unterstützen soll. Für die Pueblo-Indianer im Südwesten der USA war der Türkis einer der wichtigsten Steine überhaupt. Er wurde bei religiösen Zeremonien und Regenritualen eingesetzt und spielte eine wichtige Rolle als Schutz gegen Dämonen. Daher wurde er in viele verschiedene Schmuckstücke und rituelle Gegenstände eingearbeitet.

Türkis kommt heute vorwiegend aus Arizona, Mexiko, Tibet und China. Der Stein ist türkisblau, und je gleichmäßiger und intensiver das Türkis ist, desto höher wird der Einfluss des Steines geschätzt.

Der Türkis entfaltet auf geistiger Ebene eine sehr stärkende und reinigende Wirkung – er befreit von dunklen Stimmungen und von allen Ängsten. Dadurch schenkt er Selbstvertrauen und geistige Klarheit. Das 4., 5. und 6. Chakra lassen sich mit Hilfe dieses Steines sehr gut harmonisieren. Der Türkis wird in der Edelsteintherapie für die Behandlung verschiedenster Erkrankungen eingesetzt, weil seine Heilwirkung sehr umfassend ist. Hauterkrankungen reagieren auf seinen Einfluss ebenso günstig wie Erkrankungen der Atemwege und der Lunge. Außerdem kann der Stein Schmerzen lindern und Alpträume sowie Angstzustände bekämpfen. Wer unter Flugangst oder Reisekrankheit leidet, kann die entsprechenden Situationen viel leichter überstehen, wenn er einen Türkis bei sich trägt.

Die Bachblütentherapie

Die Bachblütentherapie wurde Anfang des 20. Jahrhunderts in England von Dr. Edward Bach begründet, einem Arzt und Forscher, der sich zuvor auch mit der homöopathischen Medizin nach Friedrich Samuel Hahnemann beschäftigt hatte. Sie ist ähnlich wie die Homöopathie eine ganzheitliche Therapiemethode, deren Wirkung auf der feinstofflichen Ebene einsetzt.

Ebenso wie bei der Chakra-Therapie geht es auch bei der Bachblütentherapie darum, in erster Linie den Seelenzustand auszugleichen und dadurch schließlich auch positive Veränderungen im Körper zu bewirken. Bei der Behandlung seiner Patienten mit homöopathischen Arzneimitteln war Dr. Bach aufgefallen, dass die Wirksamkeit der Mittel mehr von der Persönlichkeit des Patienten als von dessen Symptomen abhing – für ihn ein Zeichen dafür, wie stark Körper, Geist und Seele sich gegenseitig beeinflussen. Im Kern der Bachblütentherapie steht auch seine Erkenntnis, dass Krankheit und Leiden ihrem Wesen nach seelische Konflikte sind und nur durch Bemühungen auf seelischer Ebene umfassend geheilt werden können.

Die Bachblütentherapie ist eine der effektivsten alternativen Heilmethoden. Sie wird vor allem eingesetzt, um beispielsweise Ängste, Stimmungsschwankungen, psychische Erschöpfungszustände oder depressive Verstimmungen zu behandeln. Dabei wirkt sie jedoch auch als eine Art Gesundheitspflege, da sie schon vor dem Auftreten körperlicher Symptome deren seelische Grundlagen beseitigt.

In der klassischen Bachblütentherapie werden 38 Blütenessenzen eingesetzt, die von Dr. Bach im Laufe der Jahre in freier Natur entdeckt und im Selbstversuch getestet wurden, sowie die Notfalltropfen (Rescue Remedy), die eine Kombination aus fünf dieser Essenzen darstellen. Ihre jeweilige Wirkung hängt nicht mit den chemischen Inhaltsstoffen der verwendeten Pflanzen zusammen. Vielmehr wirken die Blütenessenzen als Informationsträger, da bei ihrer Herstellung die heilsamen Schwingungen der entsprechenden Pflanzen mit Hilfe des Sonnenlichts auf Quellwasser übertragen werden.

Normalerweise wird aus diesen Essenzen erst das eigentliche Bachblütenmittel hergestellt, indem wenige Tropfen davon in ein Dosierfläschchen mit Wasser und etwas Alkohol zur Konservierung gefüllt werden. Die meisten Apotheken führen inzwischen Bachblüten und stellen diese Mittel auf Anfrage gerne her.

Die Bachblüten wirken sich nicht nur auf den seelischen Zustand, sondern auch auf den Feinstoffleib und die verschiedenen Chakras aus. Es empfiehlt sich, bei der Auswahl der richtigen Mittel auf die eigene Chakra-Konstitution zu achten. Im Folgenden finden Sie hierzu Empfehlungen für alle gängigen Bachblüten. Obwohl viele Menschen schon bald nach der Einnahme erste positive Auswirkungen bemerken, kann es manchmal auch etwas dauern, bis Sie die Wirkungen bewusst wahrnehmen können, da Bachs Blütentherapie auf sehr subtile Weise wirkt.

Einnahme-Empfehlungen

Um die Chakras zu harmonisieren, sollten Sie die Bachblütenmittel dreimal täglich einnehmen und zwar am besten vor den Mahlzeiten. Dafür träufeln Sie einfach 4 bis 5 Tropfen auf die Zunge. Schlucken Sie sie aber nicht gleich, sondern behalten Sie sie einen Moment im Mund, da die Wirkung sich dadurch besser entfalten kann. Bei akuten Problemen können Sie die Bachblüten auch stündlich einnehmen – nehmen Sie dabei jedoch jeweils nur 3 Tropfen davon ein.

Wichtiger Hinweis:

Im Folgenden finden Sie die 38 Bachblüten im Überblick. Jede Beschreibung endet mit einer Chakra-Grafik, der Sie entnehmen können, ob das Mittel prinzipiell (!) zu Ihrem Chakra-Typ passt. Das heißt jedoch noch nicht, dass alle Bachblüten, die Ihr dominantes Chakra harmonisieren, automatisch auch Ihre aktuellen seelischen Probleme beseitigen. Meist kommen nur ein, zwei oder höchstens drei Mittel in Frage, die optimal zu Ihnen passen. Für die richtige Beurteilung sollten Sie daher nicht nur auf die Chakra-Grafik, sondern unbedingt auch auf die jeweiligen Anwendungsgebiete achten, die Dr. Bach beschrieben hat!

Agrimony (Odermennig; Agrimonia eupatoria)

»Für die jovialen, fröhlichen und humorvollen Menschen, die Frieden über alles lieben und bei Meinungsverschiedenheiten oder Streit aus der Ruhe gebracht werden. Um dies zu vermeiden, sind sie bereit, vieles aufzugeben und das eigene Selbst zu verleugnen. Meistens verbergen sie ihre Probleme sowie ihre innere und äußere Rastlosigkeit hinter einer Maske von Humor und Witz und sind deswegen sehr beliebt. Doch greifen sie oft im Übermaß zu Alkohol oder Drogen, um sich zu stimulieren und so mit Fröhlichkeit über ihre Schwierigkeiten hinwegzukommen.«
Der Agrimony-Mensch findet es schwierig, seine Gedanken und Gefühle frei fließen zu lassen, und versucht oftmals, anderen etwas vorzuspielen. Das verhindert aber, dass er seine eigentlichen Gefühle akzeptiert. Die Bachblüte »Agrimony« hilft ihm dabei, sich so anzunehmen, wie er wirklich ist.

Aspen (Espe; Populus tremula)

»Bei unklaren oder unbekannten Befürchtungen, für die man keine Erklärung finden kann, keine Begründung weiß, und trotzdem Angst hat, es könnte etwas Entsetzliches geschehen; man weiß allerdings nicht, was es sein könnte. Diese undefinierbaren, unerklärlichen Ängste können den Betrof-

fenen Tag und Nacht verfolgen. Diese Menschen scheuen sich oft, anderen von ihren Ängsten zu erzählen.«
Der Aspen-Mensch ist ständig seinen unerklärlichen Ängsten ausgeliefert und kann durch kleinste Einflüsse aus dem psychischen Gleichgewicht gebracht werden. Die Bachblüte »Aspen« lässt ihn die Gründe dieser Ängste klarer erkennen und lindert die belastenden Angstgefühle.

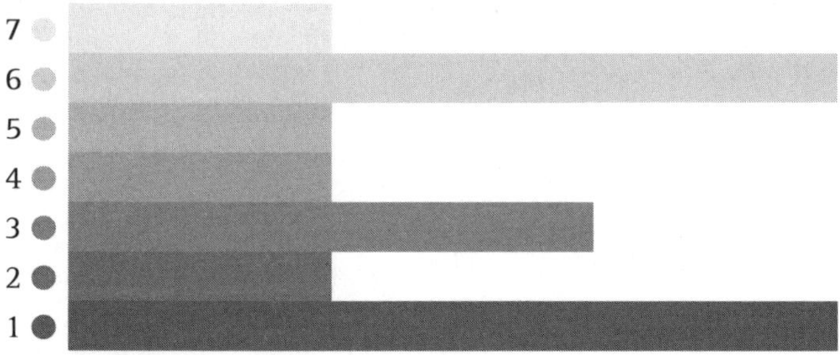

Beech (Buche; Fagus sylvatica)

»Für alle, die meinen, in allem, was sie umgibt, vermehrt das Positive und Schöne erblicken zu müssen, und obwohl viele Dinge verkehrt laufen, die Fähigkeit besitzen möchten, das Gute in ihrem Inneren wachsen zu sehen. Sie bemühen sich darum, toleranter und nachsichtiger zu werden und immer mehr Verständnis zu zeigen für all die unterschiedlichen Wege, auf denen jeder Mensch und alle Dinge sich auf die Vollkommenheit hin entwickeln.«
Der Beech-Mensch muss manche Fehlschläge und Enttäuschungen erleben, weil nun einmal nicht alles so vollkommen und harmonisch ist, wie er es gerne sehen würde. Die Bachblüte »Beech« lässt ihn erkennen, dass sowohl die »bösen« als auch die »guten« Seiten ihren Sinn haben und wahrgenommen werden sollten, weil sie beide dem Individuum die Entwicklung zur Vollkommenheit erst ermöglichen.

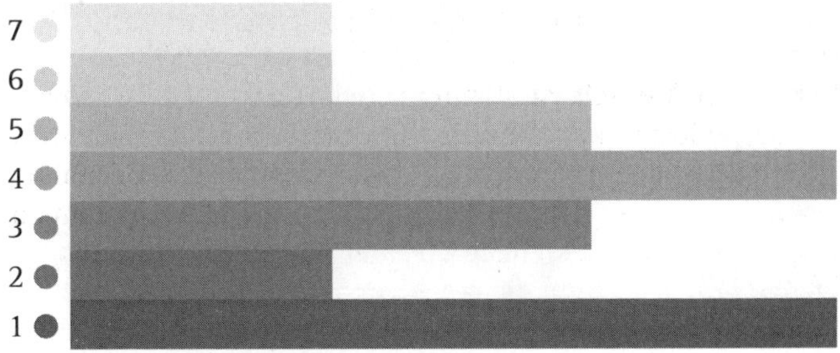

Centaury (Tausendgüldenkraut; Centaurium umbellatum)

»Für die stillen, freundlichen und hilfsbereiten Menschen, die überängstlich darauf bedacht sind, anderen zu dienen. In ihrem Eifer und ihrer Hingabe überschätzen sie oftmals ihre eigenen Energien. Sie sind so sehr von dem Wunsch zu dienen besessen, dass sie allmählich mehr zu Sklaven als zu Helfern werden. Ihre Gutmütigkeit verleitet sie dazu, mehr als das zu tun, was von ihnen verlangt wird. Dadurch laufen sie Gefahr, ihre wirkliche Lebensaufgabe zu vernachlässigen.«
Der Centaury-Mensch ist ständig allen gegenüber hilfsbereit und zuvorkommend und vergisst dabei leicht seine eigenen Bedürfnisse, bis er keine Kraft mehr dafür hat. Die Bachblüte »Centaury« hilft ihm dabei, sich wieder mehr seiner eigenen Entwicklung zu widmen, ohne dabei egoistisch zu werden.

Cerato (Bleiwurz; Ceratostigma willmottiana)

»Für alle Menschen, die zu wenig Selbstvertrauen haben, um ihre eigenen Entscheidungen zu treffen. Sie fragen lieber die anderen um Rat und werden dann oft falsch beraten.«
Der Cerato-Mensch hat Angst davor, Entscheidungen zu treffen, weil er Angst davor hat, Fehler zu machen, und möglicherweise auch schon die eine oder andere Fehlentscheidung hinter sich hat. Dass er ständig andere um Rat fragt, führt aber nur zu noch mehr Unsicherheit. Die Bachblüte »Cerato« sorgt für das nötige Vertrauen zu sich selbst und hilft dabei, auch zu seinen Fehlern zu stehen.

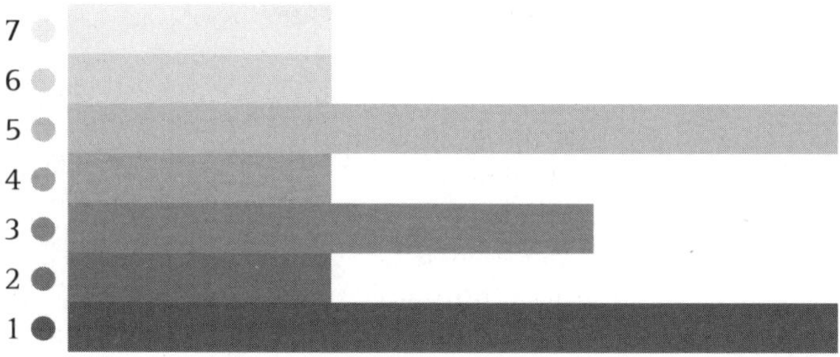

Cherry Plum (Kirschpflaume; Prunus cerasifera)

»Für alle, die sich davor fürchten, den Verstand zu verlieren, oder davor, dass ihr Verstand überfordert werden könnte und sie dann fürchterliche und schreckliche Dinge tun könnten, die sie zwar selbst für falsch und unerwünscht halten, bei denen sie aber dennoch den Trieb verspüren, sie zu tun.«
Der Cherry-Plum-Mensch ist aufgrund seiner großen Sensibilität zahlreichen äußeren Einflüssen hilflos ausgeliefert, die ihn negativ beeinflussen können. Die Bachblüte »Cherry Plum« hilft ihm dabei, seine innere Kraft wiederzufinden und sich mit ihrer Hilfe besser abzugrenzen.

Chestnut Bud (Kastanienknospen; Aesculus hippocastanum)

»Für alle Menschen, die zu wenig Nutzen aus ihren Beobachtungen und Erfahrungen ziehen und daher mehr Zeit als andere benötigen, um die Lektionen, die das tägliche Leben bereithält, zu lernen.«

Der Chestnut-Bud-Mensch hat Probleme damit, seine Erfahrungen in Erkenntnisse umzusetzen, und schadet sich oft, indem er immer wieder dieselben Fehler macht. Die Bachblüte »Chestnut Bud« erhöht seine Achtsamkeit und hilft ihm dabei, seine Beobachtungen und Erfahrungen besser einzuordnen und auszuwerten.

Chicory (Zichorie; Cichorium intybus)

»Für alle, die sich stark um das Wohlergehen anderer kümmern und allzu besorgt um Kinder, Verwandte und Freunde sind. Sie finden dabei immer etwas, das noch in Ordnung gebracht werden sollte. Sie verbessern ständig, was ihrer Meinung nach verbessert werden sollte, und fühlen sich in dieser Rolle wohl. Auch möchten sie diejenigen, um die sie sich kümmern, immer in ihrer Nähe haben.«
Beim Chicory-Menschen nimmt die Fürsorge übertriebene Formen an. Er möchte sie zu seinem einzigen Lebensinhalt machen und die umsorgten Menschen am liebsten ganz an sich binden. Die Bachblüte »Chicory« hilft ihm bei der Einsicht, dass jeder Mensch ein individuelles Wesen mit eigenen Wünschen und Ideen ist, das er zwar unterstützen und fördern, nicht aber ganz für sich vereinnahmen darf – und sie hilft ihm dabei, seinem eigenen Leben wieder mehr Inhalt zu geben.

Clematis (Gemeine Waldrebe; Clematis vitalba)

»Für die Tagträumer, die nie so ganz wach sind und wenig Interesse am Leben haben. Sie sind eher ruhige Menschen, die in ihrer momentanen Situation nicht wirklich glücklich sind, da sie mehr in der Zukunft als in der Gegenwart leben.

Sie hoffen immer auf bessere Zeiten, in denen sie ihre Ideale verwirklichen können. Wenn sie krank sind, unternehmen sie kaum Anstrengungen, um wieder gesund zu werden. Manchmal sehnen sie sich sogar nach dem Tod, in der Hoffnung auf eine bessere Zukunft, oder weil sie hoffen, einen geliebten Menschen, den sie verloren haben, wieder zu finden.«
Der Clematis-Mensch hat in gewisser Weise vor seinem Leben kapituliert. Er verfolgt kaum noch seine Ziele und flüchtet sich in Tagträume. Die Bachblüte »Clematis« gibt ihm neue Kraft, um sein Leben wieder wach und aktiv zu erleben und seine Entscheidungen bewusst zu treffen.

Crab Apple (Holzapfel; Malus sylvestris)

»Dies ist das Heilmittel der Reinigung, das vor allem jenen Menschen hilft, die ständig das Gefühl haben, etwas Unreines an sich zu haben. Oft handelt es sich dabei um scheinbar geringfügige Dinge. In anderen Fällen kann es sich jedoch auch um eine ernsthafte Erkrankung handeln. Doch bleibt diese fast unbeachtet verglichen mit dem Problem, etwas Unreines an sich zu haben.
In beiden Fällen handelt es sich um Menschen, die ängstlich darauf bedacht sind, von der einen Sache frei zu werden, die ihr gesamtes Denken erfüllt. Ja es scheint so wichtig für sie zu sein, dass sie unbedingt davon geheilt werden wollen.

Diese Menschen verzweifeln, wenn die Behandlung nicht anschlägt.«
Die Bachblüte »Crab Apple« hilft einerseits dabei, den Körper von Giften und Schlacken zu reinigen, andererseits befreit sie Menschen mit übertriebenem Reinlichkeitssinn von ihrer Vorstellung, dass absolute Sauberkeit oder gar Sterilität notwendig ist, um sich wohl zu fühlen.

Elm (Ulme; Ulmus procera)

»Für alle Menschen, die gute Arbeit leisten und ihrer Bestimmung folgen. Sie hoffen, in ihrem Leben etwas Bedeutendes leisten zu können – und das meist zum Wohl der Menschheit. Es gibt Zeiten, in denen diese Menschen depressiv werden, wenn sie nämlich das Gefühl haben, dass die Aufgabe, die sie sich selbst gestellt haben, zu schwierig oder sogar übermenschlich und daher unerreichbar ist.«
Der Elm-Mensch hat große Ziele und hohe Ideale, aber es verunsichert ihn stark, wenn er sieht, dass er sich bei einer Aufgabe übernommen hat. Die Bachblüte »Elm« hilft ihm, in solchen Situationen konzentriert zu bleiben und nicht gleich die Flinte ins Korn zu werfen – und seine Grenzen beim nächsten Mal realistischer einzuschätzen.

Gentian (Bitterer Enzian; Gentiana amarella)

»Für alle Menschen, die sich schnell entmutigen lassen. Während der Rekonvaleszenz mögen sie noch so gute Fortschritte machen und in ihrer täglichen Arbeit gut vorankommen, doch jede kleinste Verzögerung, jedes Hindernis in ihren Fortschritten stürzt sie in Zweifel und nimmt ihnen den Mut.«

Dem Gentian-Menschen fehlt es an gesundem Selbstvertrauen, und er wird schnell von Mutlosigkeit und Verzweiflung geplagt. Auch vergleicht er sich oft mit anderen, die er grundlos als viel wertvoller und fähiger ansieht als sich selbst. Die Bachblüte »Gentian« erhöht seine Lebensenergie und hilft ihm dabei, den Blick wieder auf das Positive im Leben zu richten und aufs Neue Mut und Kraft zu schöpfen.

Gorse (Stechginster; Ulex europaeus)

»Für alle Menschen, die ganz ohne Hoffnung sind und die allen Glauben daran verloren haben, dass ihnen noch geholfen werden könne. Ihren Mitmenschen zuliebe lassen sie sich zwar überreden, alle möglichen Medikamente und Heilmethoden auszuprobieren, versichern ihnen aber zugleich, dass das alles ja doch nichts helfen wird.«
Die Bachblüte »Gorse« ist das Heilmittel für alle Menschen, die unter schwerwiegenden Krankheiten leiden und sowohl ihren Mut als auch die Hoffnung auf Heilung aufgegeben haben. Sie führt sie aus dieser Dunkelheit und Hoffnungslosigkeit heraus und gibt ihnen den Glauben an ihre Lebensenergie und innere Kraft zurück.

Heather (Heidekraut; Calluna vulgaris)

»Für alle Menschen, die unter allen Umständen immerzu Gesellschaft brauchen, ganz gleich, mit wem es ist. Sie fühlen das unwiderstehliche Bedürfnis, mit anderen über ihre eigenen Probleme zu diskutieren, und sind überaus unglücklich, wenn sie, wenn auch nur für kurze Zeit, alleine sein müssen.«
Das Verhalten des Heather-Menschen birgt zwei Gefahren: Erstens ist er bei der Wahl seiner Gesellschaft nicht vorsich-

tig genug und setzt sich leicht negativen Einflüssen aus, und zweitens belastet er mit der ständigen Wiederholung seiner Probleme sowohl sich selbst als auch den anderen. Durch die Bachblüte »Heather« findet er mehr Ruhe und inneren Frieden und lernt es, anderen mehr zuzuhören, anstatt nur sich selbst in den Mittelpunkt zu stellen.

Holly (Stechpalme; Ilex aquifolium)

»Für alle Menschen, die manchmal von negativen Gedanken wie etwa Eifersucht, Neid, Rachsucht und Misstrauen befallen werden oder unter verschiedenen Formen von Ärger und Verdruss leiden. Es mag sein, dass diese Menschen innerlich sehr leiden, oft sogar, wenn scheinbar kein wirklicher Grund für ihr Unglücklichsein vorhanden ist.«

Die verschiedenen Arten negativer Gedanken und Gefühle entstehen oft dadurch, dass wir uns ungenügend gegen Einflüsse von außen schützen. Die beste Art, uns von aller Negativität zu befreien, ist die Ausrichtung auf die positiven Aspekte unseres Wesens. Dabei ist die Bachblüte »Holly« eine wirkungsvolle Hilfe.

Honeysuckle (Geißblatt; Lonicera caprifolium)

»Für jene Menschen, die oft an ihre Vergangenheit denken müssen, weil diese glücklich war oder Erinnerungen an Freunde enthält, oder weil sie einem Wunschtraum nachtrauern. Es gelingt ihnen kaum, an ein erneutes Glück zu glauben.«

Der Honeysuckle-Mensch hängt traurig und resigniert der Vergangenheit nach, deshalb fällt es ihm schwer, sich auf die Zukunft oder auch nur die Gegenwart zu konzentrieren und die Möglichkeiten zu nutzen, die sich ihm bieten. Die Bachblüte »Honeysuckle« sorgt dafür, dass er sich wieder für Neues öffnet, Aufgaben und Herausforderungen annimmt und einen positiveren Blick auf die Zukunft gewinnt.

Hornbeam (Hainbuche; Carpinus betula)

»Für alle Menschen, die der Meinung sind, sie hätten weder die seelischen noch die körperlichen Kräfte, die Bürde des Lebens zu tragen. Die Last des Tages erscheint ihnen zu groß, obwohl sie ihr Tagwerk für gewöhnlich zu bewältigen vermögen. Dieses Heilmittel ist auch für jene Menschen, die meinen, dass entweder Seele oder Leib einer Stärkung bedürfen, bevor sie ihren Tageseinsatz leisten können.«
Dem Hornbeam-Menschen fehlt meist weniger die Kraft als vielmehr die Motivation für seine Aufgaben, deshalb fühlt er sich so schnell gestresst und kraftlos. Die Bachblüte »Hornbeam« hilft ihm dabei, seine geistige und körperliche Spannkraft zu erhöhen, sodass er seine Aufgaben nicht mehr überschätzt und Vertrauen in seine Kräfte gewinnt.

Impatiens (Drüsentragendes Springkraut; Impatiens glandulifera)

»Für alle Menschen, die schnell denken und schnell handeln und deshalb alles rasch und ohne zögern tun möchten. Im Falle von Krankheit sind sie auf möglichst schnelle Heilung bedacht. Sie finden es schwierig, genug Geduld mit ihren langsamer reagierenden Mitmenschen zu haben, deren Langsamkeit sie als falsch und damit als eine ungerechtfer-

tigte Zeitverschwendung betrachten. Sie haben den Wunsch, solche Leute, wann immer es geht, anzutreiben. Wenn ihnen das nicht gelingt, ziehen sie es meist vor, alleine zu arbeiten und zu denken. Denn nur alleine können sie alles in ihrem gewohnten Tempo erledigen.«
Der Impatiens-Mensch neigt durch seinen schnellen Lebensrhythmus oft zu Hektik und Ungeduld gegenüber anderen. Die Bachblüte »Impatiens« hilft ihm dabei, ein langsameres Tempo auszuprobieren und mehr innere Ruhe und Gelassenheit zu entwickeln.

Larch (Lärche; Larix decidua)

»Für alle Menschen, die sich für nicht so tüchtig und nicht so fähig wie die anderen halten. Sie wollen und können nicht an ihre Erfolge glauben und erwarten stattdessen immer nur Fehlschläge. Daher wagen sie nichts und geben sich viel zu wenig Mühe, um Erfolg zu erlangen.«
Dem Larch-Menschen fehlt das Selbstvertrauen, das er zur Bewältigung seines Lebens benötigt. Durch sein negatives Selbstbild und die ständigen Vergleiche mit anderen blockiert er sich und überlässt diesen kampflos das Feld. Durch die Bachblüte »Larch« lernt er, sich auf seine Energie und seine Einzigartigkeit zu besinnen und unnötige Vergleiche mit anderen aufzugeben.

Mimulus (Gefleckte Gauklerblume; Mimulus guttatus)

»Für alle Menschen, die Furcht vor weltlichen Dingen, Krankheit, Armut, Alleinsein, Finsternis, Unglück und Unfällen haben, also vor den Ängsten des täglichen Lebens. Diese Menschen behalten ihre Ängste und Befürchtungen für sich. Nur ganz selten teilen sie diese anderen mit.«

Im Gegensatz zum Aspen-Mensch leidet der Mimulus-Mensch unter ganz konkreten Ängsten. Seine Aufgabe ist es, sich diesen Ängsten zu stellen und die zugrunde liegende Furcht vor unangenehmen, leidvollen Erfahrungen zu überwinden. Die Bachblüte »Mimulus« hilft ihm dabei, sich auf die Unantastbarkeit seiner Seele zu besinnen und dadurch Vertrauen und Energie zu schöpfen, um an persönlicher Größe zu gewinnen.

Mustard (Ackersenf; Sinapis arvensis)

»Für alle Menschen, die vorübergehend schwermütig werden oder sogar in Verzweiflung fallen. Es ist, als ob eine kalte, dunkle Wolke ihr Gemüt überschatten und alles Licht und alle Freude auslöschen würde. Dabei scheint es unmöglich zu sein, irgendeinen Grund oder eine Erklärung für diese Anfälle zu finden. Unter diesen Umständen ist es nahezu unmöglich, noch glücklich oder fröhlich zu erscheinen.«
Für den Mustard-Menschen ist es besonders schwierig, dass die Verzweiflung und Dunkelheit ihn ganz unangemeldet und unvorhersehbar überfallen, weil dadurch ein Gefühl des Ausgeliefertseins entsteht. Die Bachblüte »Mustard« hilft dabei, sich dieser Dunkelheit zu stellen, sie anzuschauen und zu analysieren. Mustard schenkt Mut und innere Kraft, um die Verzweiflung leichter zu überwinden.

Oak (Eiche; Quercus robur)

»Für alle Menschen, die sich im Krankheitsfall große Mühe geben, wieder gesund zu werden. Diese Menschen kämpfen auch hart und ausdauernd, wenn es um die Erfüllung ihrer täglichen Pflichten geht. Sie hören nicht auf, ständig neue Mittel und Möglichkeiten auszuprobieren, um ihrer Lage wieder Herr zu werden, selbst wenn der Fall aussichtslos er-

scheinen sollte. Sie lassen nicht locker. So sind sie mit sich selbst oft unzufrieden, wenn sie durch Krankheit oder Gebrechen an der Erfüllung ihrer Pflichten gehindert oder unfähig werden, anderen zu helfen. Es sind tapfere Menschen, die oft gegen große Schwierigkeiten ankämpfen, ohne dabei die Hoffnung zu verlieren oder aufzugeben.«
Der Oak-Mensch ist ein sehr starker Mensch mit großem Willen, dem es jedoch an Lockerheit und Gelassenheit fehlt. Die Bachblüte »Oak« vermittelt ihm die Gewissheit, dass er nicht alles alleine machen muss und ab und zu auch einfach loslassen und in sein Schicksal vertrauen kann.

Olive (Olive; Olea europoea)

»Für jene Menschen, die seelisch oder körperlich so gelitten haben, die so erschöpft und müde sind, dass sie meinen, für erneute Anstrengungen keine Kraft mehr zu besitzen. Für sie ist das alltägliche Leben nur noch harte, freudlose Arbeit.«
Die Kraftlosigkeit und Müdigkeit des Olive-Menschen kann viele Gründe haben – lange Krankheiten, seelische Belastungen, Schlafmangel und Drogenkonsum. Die Bachblüte »Olive« schenkt neue Energien auf körperlicher und seelischer Ebene.

Pine (Föhre; Pinus sylvestris)

»Für alle Menschen, die immer die Schuld bei sich selbst suchen. Sogar wenn sie erfolgreich sind, meinen sie, sie hätten es eigentlich noch besser machen können. Sie sind weder mit ihren Anstrengungen noch mit ihren Leistungen zufrieden. Auch arbeiten sie schwer und leiden wegen Fehlern, die sie sich selbst unterschieben. Sie übernehmen sogar noch für die Fehler der anderen die Verantwortung.«
Der Pine-Mensch leidet stark unter unbegründeten Schuldgefühlen. Er ist ein Perfektionist, der immer sein Bestes gibt. Die Bachblüte »Pine« hilft ihm, das Gefühl zu überwinden, er wäre immer an allem Schuld und könnte alles noch besser machen, und sie schenkt ihm mehr Zufriedenheit mit seinen Leistungen.

Red Chestnut (Rote Kastanie; Aesculus carnea)

»Für alle Menschen, die sich allzu viel um andere ängstigen. Meistens haben sie längst damit aufgehört, sich über sich selbst Sorgen zu machen; doch um jene, die sie lieben, sind sie besorgt, leiden viel und haben Angst, dass ihnen etwas Schlimmes zustoßen könnte.«

Die Sorge um nahe stehende Menschen ist völlig natürlich – jedoch nur in bestimmten Grenzen. Der Red-Chestnut-Mensch überschreitet diese Grenzen bei weitem und lebt ständig in Sorge um seine Mitmenschen. Die Bachblüte »Red Chestnut« lässt diese unangemessene Angst allmählich verschwinden, sodass sie ihn selbst und andere nicht länger belasten muss.

Rock Rose (Gemeines Sonnenröschen; Helianthemum nummularium)

»Der Helfer in allen Notfällen, sogar wenn scheinbar keine Hoffnung mehr besteht, bei Unfällen oder plötzlichen Erkrankungen, wenn der Patient sehr große Angst hat, oder auch, wenn die Umstände derart schlimm sind, dass alle Anwesenden ebenfalls Angst bekommen.«

Die Bachblüte »Rock Rose« ist das Mittel der Wahl, wenn man in einen schwerwiegenden Notfall gerät, da es den notwendigen Mut verleiht, um diese Situation zu überstehen. Außerdem eignet es sich für all jene Menschen, die sehr schwache Nerven haben und daher leicht in große Aufregung geraten, indem es ihnen dabei hilft, auch in Krisensituationen einen kühlen Kopf zu bewahren.

Rock Water (Wasser aus Heilquellen)

»Für alle Menschen, die in ihrer Lebenseinstellung sehr strikt sind und sich deshalb viele Freuden und Vergnügungen versagen. Sie fürchten, diese könnten ihre Arbeit und ihr Werk beeinträchtigen. Sie üben große Selbstdisziplin, sind hart gegen sich selbst und möchten stark, gesund und tätig sein und auch so bleiben. Sie hoffen immer, anderen ein Beispiel sein zu können, sodass diese ihre Ideen aufgreifen, ihnen nacheifern und so zu besseren Menschen werden.«

Rock-Water-Menschen sind oft sehr rationale Menschen mit festen Idealen, die sie mitunter fanatisch verfolgen. Dabei verwechseln sie Härte jedoch mit Kraft. Die Bachblüte »Rock Water« erleichtert die Einsicht, dass das Weiche, Nachgiebige letztlich immer über das Feste, Starre siegen wird und nur ein Mensch, der locker und flexibel bleibt, auch lebendig und anpassungsfähig ist.

Scleranthus (Einjähriger Knäuel; Scleranthus annuus)

»Für alle Menschen, denen es große Schwierigkeiten bereitet, sich zwischen zwei Möglichkeiten zu entscheiden, denn einmal scheint ihnen das eine richtig zu sein, dann wieder das andere. Es sind meistens stille Menschen, die Schwierigkeiten alleine tragen, weil sie nicht bereit sind, diese mit anderen zu besprechen.«
Die Fülle seiner Möglichkeiten lässt den Scleranthus-Menschen schier erstarren, wenn er vor einer Entscheidung steht. Anders als der Cerato-Mensch verheimlicht er dies allerdings vor seinen Mitmenschen. Die Bachblüte »Scleranthus« hilft ihm dabei, seine Entscheidungen zu fällen, indem sie seinen Blick für das Wesentliche schärft.

Star of Bethlehem (Goldiger Milchstern; Ornithogalum umbellatum)

»Für alle Menschen, die in großer Bedrängnis oder in Umständen sind, die sie sehr unglücklich machen. Dazu gehören Schockzustände, wie sie oft entstehen, wenn schwerwiegende Nachrichten überbracht werden; beim Verlust eines lieben Menschen, durch den Schrecken nach einem Unfall und ähnlichen Dingen. Aber auch alle jene, die sich über lange Zeit nicht trösten lassen wollen, können von diesem Heilmittel profitieren.«
Der Star-of-Bethlehem-Mensch wurde irgendwann durch ein traumatisches Ereignis vollkommen aus dem Gleichgewicht geworfen und trägt dadurch ein Gefühl der Trostlosigkeit in sich. Die Bachblüte »Star of Bethlehem« schenkt ihm wieder Harmonie und die Kraft, diese Erfahrung leichter zu verarbeiten.

Sweet Chestnut (Edelkastanie; Castanea sativa)

»Kann in jenen Momenten helfen, wenn die Verzweiflung eines Menschen so groß ist, dass sie untragbar erscheint. Es sind die Augenblicke, wenn Leib und Seele spüren, dass sie bis zum äußersten Rand der Belastbarkeit getrieben, nachgeben und zusammenbrechen müssten. Wenn es scheint, als ob

der einzige Ausweg einzig in Zerstörung und Vernichtung bestehen könnte.«
Die Bachblüte »Sweet Chestnut« ist das Heilmittel für alle Menschen, die in absolute Verzweiflung und an die äußersten Grenzen ihrer Leidensfähigkeit geraten sind. Es hilft ihnen dabei, diesen dunklen Moment als Entwicklungschance zu begreifen und Mut zu fassen für den Durchbruch in ein neues Sein.

Vervain (Eisenkraut; Verbena officinalis)

»Für alle Menschen, die fixe Ideen und feste Prinzipien haben, die sie für richtig halten und deshalb nur selten ändern. Sie haben den großen Wunsch, alle anderen Menschen zu ihren Ansichten zu bekehren. Sie sind willensstark und mutig, wenn sie von Dingen überzeugt sind, die sie den anderen beibringen möchten. Sie arbeiten auch dann weiter, wenn sie krank sind und wenn andere schon längst ihre Verpflichtungen aufgeben würden.«
Der Vervain-Mensch ist zu großer Begeisterung fähig, aber er fixiert sich auch sehr stark auf seine Überzeugungen und verkündet sie, wo er nur kann. Damit überanstrengt er oft nicht nur sich, sondern auch seine Mitmenschen, die er von seiner Meinung überzeugen will. Die Bachblüte »Vervain« lässt ihn erkennen, wie wichtig es ist, abweichende Meinun-

gen zu respektieren, und sie hilft ihm dabei, fixe Ideen auch wieder loszulassen.

Vine (Weinrebe; Vitis vinifera)

»Für alle Menschen, die selbstsicher und begabt sind, auf ihren Erfolg vertrauen und meinen, es müsste auch den anderen zum Vorteil gereichen, wenn diese alles genauso tun würden, wie sie selbst es tun, denn sie sind davon überzeugt, dass es nur so richtig ist. Sie schulmeistern ihre Umgebung sogar dann noch, wenn sie krank sind. Dafür können sie in Notsituationen Hervorragendes leisten.«

Der selbstbewusste Vine-Mensch weiß genau, was er will, und übernimmt bei allen Unternehmungen gerne die Verantwortung – leider neigt er dazu, auch gleich seine Mitmenschen kontrollieren zu wollen. Die Bachblüte »Vine« hilft ihm, auch den Standpunkt anderer Menschen zu verstehen und zu achten und so seine Führungskraft wirklich sinnvoll einzusetzen.

Walnut (Walnuss; Juglans regia)

»Für alle Menschen, die feste Ziele und feste Ideale haben und diese eifrig verfolgen. Durch die Ansichten und Überzeugungen, aber auch den Enthusiasmus anderer kommen sie zuweilen in Versuchung, ihren eigenen Ideen und Zielen untreu zu werden. Dieses Heilmittel gibt ihnen Standhaftigkeit und Schutz gegen Beeinflussung von außen.«
Obwohl der Walnut-Mensch eigentlich seinen Lebensweg kennt, verlässt er ihn oft, weil er so leicht zu beeinflussen ist. Die Bachblüte »Walnut« stärkt seine Durchsetzungskraft und das Vertrauen in den eigenen Weg und hilft ihm dabei, sich gegen Beeinflussungen von außen zu schützen.

Water Violet (Sumpfwasserfeder; Hottonia palustris)

»Für alle Menschen, die, ob gesund oder krank, gern alleine sind. Es sind stille Menschen, die sich lautlos bewegen, wenig reden und das Wenige in ruhigem Ton sagen. Es sind durchaus fähige Menschen, sehr unabhängig und selbstsicher, die sich wenig um die Meinung der anderen kümmern. Sie gehen ihren eigenen Weg, halten Abstand und lassen die anderen in Ruhe. Oft sind sie klug und talentiert. Ihre Ruhe und ihr innerer Friede kann ein Segen für andere Menschen sein.«
Die Zurückgezogenheit des Water-Violet-Menschen basiert auf einer gewissen Angst vor Nähe und sorgt dafür, dass er oft isoliert bleibt. Die Bachblüte »Water Violet« hilft ihm dabei, den Schritt auf andere zu zu wagen und auch in Gemeinschaft sein volles Potenzial zu entfalten.

White Chestnut (Rosskastanie; Aesculus hippocastanum)

»Für alle Menschen, die nicht verhindern können, dass sich unerwünschte Gedanken, Ideen und Argumente unaufhörlich in ihr Bewusstsein drängen. Dies ist meist dann der Fall, wenn kein momentanes Interesse stark genug ist, um die volle Aufmerksamkeit zu fesseln. Es ist dann oft so, dass

sich solche Gedanken und Vorstellungen ständig im Kopf herumdrehen, ohne dass man sie loswird. Das kann zu einer Tortur werden.
Die Gegenwart dieser unangenehmen Gedanken und Bilder vertreibt den Frieden und beeinträchtigt die Fähigkeit, konzentriert an die tägliche Arbeit oder gar an Freude und Vergnügungen zu denken.«
Die Bachblüte »White Chestnut« erhöht die Konzentrationskraft. Sie hilft dem White-Chestnut-Menschen, der unter Konzentrationsproblemen leidet, ablenkende Gedanken abzuwehren und wieder zum Herrscher seiner Gedanken zu werden.

Wild Oat (Wald-Trespe; Bromus ramosus)

»Für alle ehrgeizigen Menschen, die etwas Besonderes im Leben vollbringen möchten. Sie möchten viele Erfahrungen sammeln, wollen alles genießen, was genossen werden kann, und möchten sich des Lebens erfreuen. Ihre Schwierigkeit liegt darin, dass sie sich nicht entscheiden können, welcher Beschäftigung sie nachgehen sollen, denn trotz ihres großen Ehrgeizes fühlen sie keine Berufung zu einer speziellen Laufbahn. Das kann Verzögerungen zur Folge haben, wodurch sie unzufrieden werden.«
Der Wild-Oat-Mensch ist immer auf der Suche, fängt ständig

etwas Neues, Interessanteres an und entwickelt daher kaum Durchhaltevermögen. Die Bachblüte »Wild Oat« hilft ihm dabei, die Möglichkeiten des gegenwärtigen Augenblicks zu erkennen, in den Moment hineinzugehen und dabei inneren Frieden zu finden.

Wild Rose (Heckenrose; Rosa canina)

»Für alle Menschen, die scheinbar nahezu grundlos allem Geschehen gegenüber gleichgültig werden und resigniert durch das Leben treiben. Sie nehmen alles hin und unternehmen keinerlei Anstrengungen, um ihre Situation zu verändern und dadurch wieder etwas Freude zu finden. Klaglos ergeben sie sich dem Lebenskampf.«
Der Wild-Rose-Mensch hat sich von seiner Gefühlswelt allmählich abgeschnitten und lebt in einem Zustand der Resignation und Gleichgültigkeit dahin, weil er sich nur so vor Schicksalsschlägen geschützt fühlt. Die Bachblüte »Wild Rose« löst seine emotionalen Blockaden und erweckt aufs Neue die Liebe zum Leben in ihm, sodass er sich wieder wirklich lebendig fühlt.

Willow (Weide; Salix vitellina)

»Für alle Menschen, die ein Missgeschick oder ein Unglück erlitten haben. Es fällt ihnen schwer, ihr Schicksal klaglos und ohne Verbitterung anzunehmen, denn diese Leute beurteilen das Leben nach dem Erfolg. Auch sind sie der Ansicht, dass sie eine so große Prüfung nicht verdient haben und dass dies ungerecht gewesen sei. Dabei werden sie verbittert. Oft lässt das Interesse und die Aktivität in den Dingen des Lebens nach, in denen sie vorher Freude und Befriedigung empfunden haben.«

Der Willow-Mensch fühlt sich ungerecht behandelt und sieht sich als Opfer, wodurch er sich selbst in seiner Entwicklung behindert. Die Bachblüte »Willow« vermittelt ihm die Einsicht, dass Prüfungen – wie etwa Krankheiten – eine Chance darstellen, sich weiterzuentwickeln und über sich hinauszuwachsen, sodass er lernt, solche Situationen bewusst zu meistern und die Verantwortung für sein Leben wieder zu übernehmen.

Farben und die Chakras

Die Verwendung von Farben ist eine hervorragende Methode zur Arbeit mit den Chakras, da jedes Chakra von einer anderen Farbe angeregt wird, die man zu seiner Harmonisierung verwenden kann. Die Wirkung der Farben auf die verschiedenen Chakras steht in einem engen Zusammenhang mit der heilenden Kraft der Farben, die schon seit Jahrtausenden bekannt ist und in verschiedenen Kulturen Indiens, Ägyptens und auch Griechenlands eingesetzt wurde.

Innerhalb unterschiedlichster Heilmethoden wurden bestimmte Farben direkt für die Behandlungen körperlicher Erkrankungen und Verletzungen angewendet. Die deutlichste Auswirkung haben die Farben jedoch im seelischen und geistigen Bereich. Sicher haben Sie auch schon einmal bemerkt, dass eine bestimmte Farbe sie einfach fröhlich gestimmt, den Wunsch nach Aktivität geweckt oder besondere Erinnerungen ausgelöst hat. Meistens läuft die Wirkung der Farben jedoch ganz unbewusst ab, sodass man normalerweise gar nicht darauf aufmerksam wird, wie sehr sich bestimmte Farben auf das Wohlbefinden auswirken.

Die Wirkung der Farben auf die Seele

Auch die Wirkung der Farben auf die menschliche Seele ist keine neue Entdeckung. Das Wissen darum hatte schon immer einen festen Platz in vielen Heilmethoden. Selbst der modernen Wissenschaft sind die seelischen Wirkungen der Farben bekannt, obwohl sie ihre Wirkungsweise noch nicht genau erklären kann. Doch eines ist sicher: Die von verschiedenen Farben ausgelösten Sinnesempfindungen wirken sich auf jeden Fall unmittelbar auf unsere Gefühle und Stimmungen aus.

So ist es nachgewiesen, dass Rot- und Orangetöne anregend und motivierend wirken und sogar einen erotisierenden Effekt haben können (nicht umsonst sprechen wir ja auch vom »Rotlichbezirk« und nicht etwa vom »Grünlichbezirk« ...). Blautöne dagegen wirken entspannend und beruhigend, sie haben eher einen kühlenden Effekt. Auch grüne Farbtöne haben eine beruhigende Wirkung, sie sind darüber hinaus ausgesprochen harmonisierend. Gelbtöne wirken hingegen wiederum sehr anregend und aktivierend und sorgen für eine fröhliche Stimmung.

Natürlich hängt die Wirkung der Farben davon ab, wie rein und leuchtend diese sind. Ein helles Gelbgrün wirkt bei weitem nicht so beruhigend wie beispielsweise Tannengrün, weil der gelbe Farbanteil eine anregende Wirkung beisteuert. Bei blassen Farbtönen wie Rosa ist die Wirkung entsprechend schwächer als bei einem kräftigen Feuerrot.

Schon Goethe waren die seelischen Wirkungen der Farben bekannt, auf die er in seiner »Farbenlehre« aufmerksam gemacht hat. Auch Rudolf Steiner betonte die Einflüsse der Farben auf die menschliche Seele, sodass in Waldorfschulen wie in anthroposophisch ausgerichteten Kliniken die Wirkung der Farben noch heute bewusst genutzt wird, um Entwicklungs- und Heilungsprozesse zu unterstützen.

Moderne Farbtherapie

Die moderne Farbtherapie, die maßgeblich vom Schweizer Psychologen Prof. Dr. Max Lüscher beeinflusst wurde, ist wohl die bekannteste Therapiemethode, die mit den seelischen Wirkungen der Farben arbeitet. Sie wird bislang vor allem als ergänzende Behandlung bei psychischen und psychosomatischen Leiden eingesetzt. Meist wird hier mit Farbbestrahlungen gearbeitet – dabei wird der Patient direkt mit farbigem Licht bestrahlt. Dafür werden spezielle farbige Lampen oder auch Farbfilter eingesetzt, wobei die Bestrahlung auch gezielt in bestimmten Körperbereichen angewendet werden kann.
Depressionen werden beispielsweise mit gelbem und orangem Licht behandelt, dessen stimmungsaufhellende, anregende und motivierende Wirkung dabei erstaunliche Erfolge bewirken kann. Hingegen werden hyperaktive Kinder vor allem mit beruhigendem, blauem Licht behandelt. Auch Migräne, bestimmte Hautleiden und einige psychosomatische Erkrankungen reagieren gut auf die Farbtherapie.

Die richtige Farbe für Ihren Chakra-Typ

Während die moderne Farbtherapie noch an ihren Anfängen steht, ist die Wirkung der Farben auf die Chakras schon seit Jahrtausenden bekannt. Die Farben, die den jeweiligen Chakras zugeordnet sind, haben eine anregende und harmonisierende Wirkung auf sie und können daher ideal dafür verwendet werden, Schwächen oder Probleme im Bereich bestimmter Chakras auszugleichen.
Eine einfache Möglichkeit, Ihr Wohlbefinden zu fördern, besteht darin, dass Sie sich bewusst mit der Farbe beschäftigen und umgeben, die Ihren Chakra-Typ harmonisiert. Interessanterweise haben viele Menschen sowieso oft eine gewisse Vorliebe für genau die Farbtöne, die ihrem Chakra-Typ entsprechen.

1. Chakra: Rot (Die Naturverbundene)

Die Farbe des 1. Chakras ist Rot. Rot ist die Farbe des Lebenswillens und der Lebensenergie, sie symbolisiert das Leben in seiner ursprünglichsten Kraft. Das zeigt sich auch in den seelischen Auswirkungen dieser Farbe, die besonders aktivierend und motivierend, aber auch erregend und erotisierend wirkt. In der Farbtherapie werden rote Farbtöne unter anderem wegen ihrer blutdrucksteigernden Wirkung verwendet – sie aktivieren die Herztätigkeit und können sogar die Atmung vertiefen. Während diese lebenswichtigen Körperfunktionen anregt werden, drückt sich auch auf körperlicher Ebene die Lebensenergie aus, die die Farbe Rot versinnbildlicht.

Außerdem fördert die Farbe Rot mit ihrer Leuchtkraft das Urvertrauen und die Stabilität, die die Grundlagen dafür sind, dass man selbstsicher und selbstbewusst durchs Leben schreiten kann. Rot ist die ideale Farbe für alle Naturverbundenen. Indem sie sich mit dieser Farbe umgeben, können sie hervorragend ihr 1. Chakra harmonisieren. Da Rot eine sehr starke Wirkung hat, sollte man diese Farbe allerdings in Maßen dosieren – völlig rot eingerichtete Räume beispielsweise können schnell unerträglich werden und sogar Aggressionen auslösen.

Die Farbe Rot kann ihre positive Wirkung am besten entfalten, wenn man sich mit roten »Farbtupfern« umgibt und mit ihrer Hilfe besondere Akzente setzt. Ein roter Schal, einige rote Kissen, einzelne rote Kacheln im Bad oder auch ein schöner Strauß roter Rosen sind manchmal schon ausreichend, um die anregende Wirkung dieser Farbe direkt zu erleben. Natürlich kann man ganz nach Geschmack auch rote Teppiche verwenden oder eine Ecke des Raumes in Rot gestalten – achten Sie einfach darauf, wie viel Rot Sie brauchen, um sich damit richtig wohl zu fühlen. Experimentieren Sie außerdem mit verschiedenen Rottönen – vom zarten Rosa bis hin zu leuchtenden oder weinroten Farben.

2. Chakra: Orange (Die Kreative)

Die Farbe des 2. Chakras ist Orange. Orange ist die Farbe von Lebensfreude, Sinnlichkeit und schöpferischer Energie. Orange Farbtöne haben genauso wie rote Farbtöne eine sehr aktivierende und motivierende Wirkung auf die Seele, und auch sie wirken sinnlich und erotisierend. Auch auf körperlicher Ebene wirken sich Orange- und Rottöne sehr ähnlich aus. Sie steigern den Blutdruck, regen die Herztätigkeit an und sorgen für eine tiefere Atmung, daher werden sie in der Farbtherapie auch gemeinsam eingesetzt.

Orange aktiviert jede Art von schöpferischer Energie und beeinflusst damit die Sexualität ebenso wie die Kreativität. Außerdem ruft es Optimismus und Lebensfreude hervor. Orange ist die beste Farbe für alle Kreativen, da sie durch seine Verwendung ihr 2. Chakra harmonisieren können. Es regt ihre Kreativität an und lenkt ihren Blick auf die schönsten Seiten des Lebens.

Orange ist eine lebensfrohe und warme Farbe, die man hervorragend dazu einsetzen kann, um zu Hause eine schöne Stimmung zu schaffen. Kissen, Bettwäsche oder Vorhänge in Orange geben allen Räumen eine freundliche und angenehme Atmosphäre. Verwenden Sie ruhig so viel Orange, wie Sie möchten – Sie können beispielsweise die Wände in zarten Orangetönen grundieren. Auch bei der Wahl Ihrer Kleidung können Sie mit Orange auffallende Akzente setzen – vor allem bei Accessoires, Schuhen oder in gemusterten Stoffen kommt die Farbe sehr schön zur Geltung.

3. Chakra: Gelb (Die Gefühlvolle)

Gelb ist die Farbe des 3. Chakras und repräsentiert Freude, Spontaneität und Lebendigkeit. Keine Farbe wirkt so aktivierend und stimmungsaufhellend auf die Seele wie Gelb, daher wird es in der Farbtherapie bevorzugt für die Behandlung von Niedergeschlagenheit und depressiven Verstimmungen

verwendet. Auch bei der Behandlung und Vorbeugung der Winterdepression spielt gelbes Licht eine große Rolle.
Das 3. Chakra ist besonders wichtig für die Gefühle und Emotionen, und die Farbe Gelb passt hervorragend dazu, weil sie eine so intensive und positive Wirkung auf das Gefühlsleben hat. Gefühlvolle und lebenslustige Menschen werden meist ganz automatisch von dieser Farbe stark angezogen. Schon eine kleine Dosis Sonnengelb kann bei ihnen genügen, um ihre Gemütsverfassung falls nötig wieder aufzuheitern.
Gelbe Farbtupfer im Bad oder in der Küche können uns schon morgens den nötigen Schwung verleihen, um mit guter Laune durch den Tag zu kommen. Ideal sind leuchtend gelbe Handtücher, ein sonnig gelber Rahmen um den Spiegel oder beispielsweise Geschirr mit fröhlichen gelben Mustern. Einzelne Kleidungsstücke in leuchtendem Gelb verleihen außerdem eine freudige Ausstrahlung, vor allem wenn man sie mit anderen hellen Farben kombiniert. Unter Umständen können gelbe Farbtöne durch ihre starke Wirkung allerdings zu Nervosität führen – dekorieren Sie deshalb nicht einfach die ganze Wohnung in Gelb, sondern lassen Sie sich von Ihrem Gefühl leiten, wie viel Sie davon um sich haben möchten.

4. Chakra: Grün (Die Liebende)

Die Farbe des 4. Chakras ist Grün. Grün ist die Farbe der Harmonie und der Ruhe. Oft wird Grün auch die Farbe der Hoffnung genannt, was vermutlich von ihrer beruhigenden, Verständnis und Offenheit erzeugenden Wirkung herrührt. In der Farbtherapie wird Grün wegen seiner allgemein harmonisierenden und beruhigenden Wirkung geschätzt und erfolgreich zur Behandlung von Nervosität und Stress eingesetzt.
Obwohl im Volksmund Rot die Farbe der Liebe genannt wird, wird mit dem 4. Chakra, dem Sitz der seelischen Liebe, doch die Farbe Grün assoziiert. Dies liegt vor allem daran, dass Rot

zwar eine sehr erotische Farbe ist, zur wahren Liebe aber weniger die körperliche Leidenschaft gehört als vielmehr Mitgefühl, Verständnis und Offenheit für unsere Mitmenschen. Grün ist die Farbe, die diese Eigenschaften am besten fördert und am meisten Harmonie in allen Beziehungen schafft. Daher ist Grün auch die ideale Farbe für den Chakra-Typ »die Liebende«, vor allem wenn sie ihr 4. Chakra harmonisieren will.

Auch die Farbe Grün kann ihre positive Wirkung sehr gut entfalten, wenn man sie für Kleidungsstücke oder bei der Inneneinrichtung wählt – vor allem bei Bettwäsche, Teppichen oder Vorhängen. Den besten Effekt hat jedoch das frische Grün lebendiger Pflanzen, die am Fensterbrett oder auf dem Balkon gedeihen. Auch bei einem Waldspaziergang, einem Gang durch den Park oder im eigenen Garten kann man die Kraft dieser Farbe optimal auf sich wirken lassen.

5. Chakra: Hellblau (Die Erfolgreiche)

Die Farbe des 5. Chakras ist Hellblau. Hellblau, die Farbe des Himmels bei strahlendem Sonnenschein, ist auch die Farbe der Klarheit. Hellblau wird in der Farbtherapie eingesetzt, um Entspannung und Kühlung hervorzurufen. Mit seiner Hilfe kann man sich nicht nur das Einschlafen erleichtern, sondern auch eine meditative Stimmung viel leichter erreichen. Die Wirkung hellblauer Farbtöne erstreckt sich bis auf die körperliche Ebene: Hier können sie den Blutdruck senken und für einen erhöhten Sauerstoffgehalt im Blut sorgen.

Hellblau ist die Farbe der Klarheit und wirkt sich darüber hinaus sehr positiv auf alle Arten der Kommunikation aus: Sie fördert die Ausdrucksfähigkeit sowie die Überzeugungskraft und sorgt dafür, dass die Wahrheit klarer erkannt werden kann, da diese Farbe belastende und verwirrende Emotionen auflöst. Die Wirkung von Hellblau kann daher auch dabei helfen, leichter die passenden Worte für seine Gedanken zu finden. Der Chakra-Typ »die Erfolgreiche« kann in vieler

Hinsicht von den Wirkungen der Farbe Hellblau profitieren, nicht zuletzt indem sie mit ihrer Hilfe ihr 5. Chakra harmonisiert.

Wenn Sie sich mit der Farbe Hellblau umgeben möchten, sollten Sie ihre Auswirkungen gut im Auge behalten – ein vorwiegend in Hellblau gehaltener Raum eignet sich zwar sehr gut zum Arbeiten, aber als Wohnraum würde man ihn auf Dauer wahrscheinlich recht kühl empfinden. Hellblaue Farbtöne eignen sich gut für die Einrichtung des Arbeitszimmers oder einer Schreibecke, und auch im Schlafzimmer kann ihre beruhigende Wirkung sehr nützlich sein. Die Wirkung von Hellblau kommt am besten vor einem weißen oder dunklen Hintergrund zur Entfaltung – dafür eignen sich beispielsweise große Bodenvasen oder großflächige Bilder mit viel Hellblau sehr gut.

6. Chakra: Dunkelblau (Die Intuitive)

Die Farbe des 6. Chakras ist Dunkelblau. Dunkles Blau ist die Farbe der Intuition und der Selbsterkenntnis, da es auch mit dem Dunkel des Unterbewusstseins assoziiert wird. In der Farbtherapie werden Dunkelblau ebenso wie Hellblau wegen ihrer entspannenden seelischen Wirkung eingesetzt. Jedoch eignen sich dunkle Blautöne fast noch besser als Hellblau dazu, eine meditative Stimmung hervorzurufen, und auch ihre Schlaf fördernde Wirkung ist sehr gut. Hellblau und Dunkelblau werden in der Farbtherapie auch gemeinsam eingesetzt, da ihre Wirkung auch in körperlicher Hinsicht sehr ähnlich ist: Auch dunkle Blautöne senken den Blutdruck und sorgen für einen erhöhten Sauerstoffgehalt im Blut.

Dunkelblau und dunkle Lilatöne fördern nicht nur Intuition und Selbsterkenntnis, sondern auch die Wahrnehmungs- und Erkenntnisfähigkeit an sich. Da sie zu tiefem Nachdenken anregen, stärken sie außerdem die Fantasie, die sich in ruhigen, nachdenklichen Stunden oft am besten entfalten kann. Für den Chakra-Typ der Intuitiven ist Dunkelblau die

Farbe der Wahl, wenn sie sich in sich selbst zurückziehen und tiefe Erkenntnisse aus ihrem Innersten schöpfen möchte. Die Farbe hilft hervorragend bei der Harmonisierung des 6. Chakras.
Wer sich mit dunklen Blautönen umgeben möchte, sollte sie nicht großflächig, sondern gut gezielt einsetzen, da sie eine sehr intensive Wirkung entfalten können. Dunkelblaue Kissen und Decken können einen Ruheplatz besonders erholsam machen und dazu beitragen, dass aus der Entspannung neue Erkenntnisse entstehen, und auch in einer Meditationsecke sind dunkle Blautöne sehr vorteilhaft. Im Schlafzimmer oder an einem Schreibplatz sind Akzente in dunklen Blautönen ebenfalls eine gute Wahl. Natürlich können auch Kleidungsstücke, Tücher oder Schmucksteine in dunkelblauen Farbtönen sehr gut die energetische Wirkung von Dunkelblau übertragen.

7. Chakra: Gold, Violett (Die Weise)

Das 7. Chakra wird sowohl mit der Farbe Gold als auch mit der Farbe Violett assoziiert. Violett wurde schon früh als eine der kostbarsten und höchsten Farben angesehen, denn es symbolisiert die Transformation, die den Beginn von etwas Neuem ermöglicht. Daher ist Violett auch die Farbe der Erleuchtung. Gold ist ebenfalls eine der kostbarsten und am höchsten geschätzten Farben, allein schon durch seine Verbindung zum kostbaren Edelmetall. Sowohl Violett als auch Gold sind seit alters her in vielen Religionen besondere Farben, die mit Spiritualität und Göttlichkeit assoziiert werden. Violett und Gold aktivieren die Spiritualität und das Gefühl der Verbundenheit mit dem Kosmos. In der Meditation kann man ihre Wirkung besonders gut erfahren und mit ihrer Hilfe einen tiefen inneren Frieden erlangen. Für den Chakra-Typ »die Weise« ist es besonders vorteilhaft, wenn sie sich mit diesen Farben umgibt, da sie helfen, die Energie in ihrem 7. Chakra zu harmonisieren.

Am besten können Violett und Gold ihre positive Wirkung entfalten, wenn man sie in einem Bereich einsetzt, in den man sich zurückzieht, wenn man meditieren oder auch einfach nur zur Ruhe kommen will. Auch im Schlafzimmer oder im Wohnzimmer kann man sie gut einsetzen, zum Beispiel mit Hilfe kleiner Bilder, Statuen oder Windspiele. Bei Violett wie bei Gold genügt es, kleine Farbpunkte zu setzen, die die Wirkung der Farbe immer wieder auffrischen – der Effekt ist dann intensiver als bei großen Farbflächen, die man im Laufe der Zeit möglicherweise gar nicht mehr wirklich wahrnimmt.

Chakra-Balance-Programme für jeden Typ

In den folgenden Abschnitten finden Sie sieben Chakra-Balance-Programme – eines für jeden Typ. Nachdem Sie den Test auf Seite 25 durchgeführt haben, können Sie direkt mit dem Programm arbeiten, das Ihrem Chakra-Typ entspricht. Durch die Kombination vieler sanfter Anwendungen, die zu Ihrem Typ passen, können Sie die Energie in Ihrem dominanten Chakra gezielt harmonisieren – schneller und effektiver, als dies durch einzelne Anwendungen möglich ist.
Die Programme sollen Ihnen als Einstieg und Orientierung dienen. Mit der Zeit können Sie das Programm an Ihre persönlichen Bedürfnisse anpassen. Natürlich ist es nicht immer möglich, alle in den Programmen vorgeschlagenen Anwendungen durchzuführen. Wenn Ihnen einmal die Zeit fehlt, können Sie daher ohne weiteres auf die eine oder andere Anwendung verzichten, solange Sie nur die »Richtung beibehalten«. Wichtig ist, dass Sie die Mittel, die Sie in Ihrem Programm einsetzen, anfangs nicht zu oft austauschen. Ideal wäre es, zumindest einen Monat lang strikt bei den angegebenen Anwendungen zu bleiben, bevor Sie beginnen, diese zu variieren. Diese Zeit brauchen Sie, um Erfahrungen zu sammeln und dem Energiefluss in Ihren Chakras Gelegenheit zu geben sich auszubalancieren.
Jedes der folgenden Programme ist in drei Abschnitte untergliedert: *»Entspannung und Psychologie«*, *»Gesundheit und Wohlbefinden«* und *»Schönheit und Balance«*. Diese Überschriften beziehen sich jeweils auf die wichtigsten Wirkungen – doch im Grunde beeinflusst natürlich jede Anwendung über die Chakras sowohl Ihre Psyche als auch Ihre Gesundheit, Ihr Wohlbefinden und Ihr Aussehen. Doch nun wünsche ich

Ihnen viel Erfolg bei der Umsetzung Ihres persönlichen Chakra-Balance-Programms.

Chakra-Balance-Programm für die Naturverbundene

Durch das folgende Programm wird in erster Linie die Energie im 1. Chakra harmonisiert. Dieses Programm ist ideal für Sie, wenn Sie zum Chakra-Typ »die Naturverbundene« gehören. Versuchen Sie, die vorgeschlagenen Anwendungen und Tipps mindestens einen Monat lang zu beherzigen. Anschließend können Sie Ihre Erfahrungen auswerten und falls nötig Veränderungen vornehmen.

Entspannung und Psychologie

Allgemeine Tipps für die Naturverbundene

- Rot harmonisiert das 1. Chakra. Bringen Sie Rottöne in Ihr Leben – tragen Sie rote Schals oder Pullis, benutzen Sie rote Decken oder Bettwäsche, zieren Sie Ihr Bad mit einzelnen roten Kacheln oder stellen Sie gelegentlich einen schönen Strauß roter Rosen auf den Tisch.
- Gehen Sie regelmäßig in die Natur. Lassen Sie sich auch von schlechtem Wetter nicht abschrecken, kleine Wanderungen zu unternehmen. Nutzen Sie jede Gelegenheit, durch Wälder, über Wiesen oder barfuß durch den Sand zu gehen und sich so mit frischer Energie aufzuladen.

- Leben Sie umweltbewusst. Arbeiten Sie möglichst im Garten oder an der frischen Luft und sorgen Sie für körperliche Bewegung. Kümmern Sie sich gut um sich selbst, indem Sie sich gesund ernähren und darauf achten, genügend zu schlafen.

Die richtige Bachblüte

Die folgenden Bachblüten eignen sich besonders gut, um Ihren Chakra-Typ zu harmonisieren. Wählen Sie aus der folgenden Aufzählung jedoch nur eine aus – und zwar diejenige, bei der die Beschreibung Sie am meisten anspricht (die Beschreibungen finden Sie ab Seite 156 im Kapitel »Die Bachblütentherapie«):

Aspen, Beech, Cerato, Elm, Gentian, Rock Rose, Scleranthus, Star of Bethlehem, Sweet Chestnut, Water Violet

- Anwendung: Nehmen Sie dreimal täglich vor den Mahlzeiten je 4 bis 5 Tropfen ein.

Heilende Düfte

Sorgen Sie für eine gute Atmosphäre in Ihren Wohn- oder Arbeitsräumen. Lassen Sie die folgenden Mischungen ätherischer Öle in der Duftlampe im Raum verdampfen – diese Mischungen harmonisieren Ihr dominantes Chakra, und es genügt, die Düfte ein- bis zweimal täglich auf sich wirken zu lassen.

Hier die besten Mischungen für den Chakra-Typ »die Naturverbundene«:

- 4 Tropfen Patchouli und 2 Tropfen Pfeffer
- 3 Tropfen Anis und 3 Tropfen Sandelholz
- 4 Tropfen Lavendel und 2 Tropfen Bitterorange

Entspannung und »Fantasiereise«

Legen Sie sich in bequemer Kleidung auf den Rücken und decken Sie sich falls nötig zu, damit Ihnen nicht kalt wird. Schließen Sie die Augen, atmen Sie tief durch und entspannen Sie sich. Fühlen Sie, wie Ihre Füße, Ihre Beine, Ihr Rücken, Ihre Arme und schließlich Ihr Kopf ganz warm und schwer werden und sich dann Ihre Gesichtszüge ebenfalls völlig entspannen.

Lassen Sie nun vor Ihrem inneren Auge das Bild eines Sonnenuntergangs entstehen. Sie gehen an einem breiten Sandstrand entlang, der an einen steilen Abhang grenzt. Große rötliche Felsblöcke bedecken den Abhang und den Strand. Sie laufen barfuß über den rotbraunen Sand, der sich weich und warm unter Ihren Füßen anfühlt. Spüren Sie die Wärme der Sonnenstrahlen auf Ihrer Haut und beobachten Sie, wie die Felsen und der Sand immer intensiver im rötlichen Licht der Sonne leuchten. Während Sie durch den feinkörnigen Sand schreiten, können Sie beobachten, wie die Sonne ständig neue Rottöne in den Felsen zum Vorschein bringt. Schließlich setzen Sie sich auf einen großen Felsen, um das Farbenschauspiel noch besser genießen zu können. Dabei spüren Sie deutlich die Wärme, die von diesem Felsen und vom Sand ausgeht.

Beenden Sie die Fantasiereise, indem Sie dieses Bild langsam verlassen und wieder zurück in Ihren Körper kommen. Spüren Sie noch einmal all Ihre Muskeln und atmen Sie einige Male tief durch, bevor Sie die Augen öffnen und wieder ganz ins Hier und Jetzt zurückkehren.

Meditation

Setzen Sie sich im Schneidersitz auf den Boden und achten Sie darauf, dass Sie gerade sitzen und Ihre Wirbelsäule frei aufgerichtet ist. Mit einem flachen Kissen unter dem Po fällt es oft leichter, entspannt aufrecht zu sitzen. Notfalls können Sie auch auf einem Stuhl sitzen – Sie sollten sich dann aber auf keinen Fall anlehnen, sondern den Rücken gerade aufrichten. Legen Sie Ihre Hände auf Ihre Oberschenkel oder Knie, schließen Sie die Augen und entspannen Sie Ihre Schultern, den Nacken und die Gesichtsmuskeln.

Lassen Sie Ihre Gedanken zur Ruhe kommen und atmen Sie einige Male tief durch, bis Ihr Atem frei fließt. Denken Sie dann innerlich im Rhythmus Ihrer Atemzüge den Satz: »ICH BIN – RUHE«. Atmen Sie dabei langsam und ganz entspannt. Bei jedem Einatmen denken Sie: »ICH BIN« und bei jedem Ausatmen: »RUHE«. Wiederholen Sie den Satz auf diese Weise ein paar Minuten lang, bis Sie ihn nicht mehr nur denken, sondern auch die Ruhe in sich spüren können. Dann beenden Sie die Meditation, indem Sie tief durchatmen, die Augen öffnen und sich noch einige Minuten der Ruhe gönnen.

Gesundheit und Wohlbefinden

Baldriantee: Zur Harmonisierung des 1. Chakras sollten Sie täglich abends eine Tasse davon trinken. Um Baldriantee zuzubereiten, setzen Sie 1 bis 2 TL Baldrianwurzel pro Tasse mit kaltem Wasser an und bringen das Wasser kurz zum Sieden. Danach lassen Sie den Tee 15 Minuten lang zugedeckt ziehen, bevor Sie ihn abgießen.

Heilende Edelsteine

Wählen Sie aus den hier aufgezählten Heilsteinen denjenigen aus, der am besten zu Ihnen passt – entweder intuitiv oder indem Sie die Beschreibungen ab Seite 125 »Heilende Edelsteine« durchlesen.
Legen Sie den Stein Ihrer Wahl täglich für etwa 10 Minuten in Höhe Ihres Steißbeins auf den untersten Rücken, während Sie sich auf den Bauch legen. Sie können ihn auch mit einer Hand dort halten, falls er abzurutschen droht. Tragen Sie den Stein außerdem im Alltag immer wieder bei sich – am besten in der Hosentasche. Und hier die besten Steine zur Harmonisierung Ihres Basischakras:
Citrin, Feueropal, Gelber Jaspis, Granat, Hämatit, Hyazinth, Koralle, Rosenquarz oder Rubin

Yogaübung

Die folgende Übung eignet sich besonders gut, um das Basischakra zu harmonisieren. Führen Sie die Übung möglichst einmal täglich, jedoch nur mit nüchternem Magen durch. Tragen Sie bequeme Kleidung und achten Sie unbedingt auf Ihre Dehngrenze. Lassen Sie den Atem während der Übung tief und frei strömen.

Legen Sie sich ausgestreckt auf den Rücken, die Augen sind geschlossen. Stellen Sie das linke Bein auf – der Fuß sollte sich neben dem Knie befinden. Öffnen Sie das linke Bein nun sehr langsam, indem Sie das Knie nach außen in Richtung Boden bringen. Gehen Sie nur so weit, bis Sie eine leichte Dehnung spüren, und halten Sie die Position zwei bis drei Atemzüge lang. Bringen Sie das Knie wieder zur Mitte zurück, lassen das Bein nach vorn gleiten und entspannen Sie sich. Führen Sie die Übung auch mit dem anderen Bein durch und wiederholen Sie das Ganze im Wechsel dreimal.

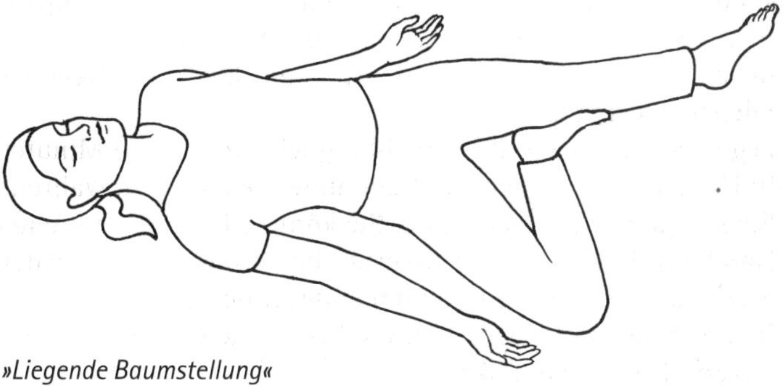

»Liegende Baumstellung«

Massage

Mischen Sie 2 EL Mandelöl in einem Schälchen mit 4 Tropfen Lavendel und 2 Tropfen Sandelholz. Wärmen Sie die Ölmischung im Wasserbad leicht an. Massieren Sie dann zunächst Ihr Steißbein mit kreisenden Bewegungen. Mit dem Rest des Öls massieren Sie Ihre Unter- und Oberschenkel von unten nach oben, anschließend das ganze Gesäß mit streichenden und kreisenden Bewegungen, bis das Öl gut in die Haut eingezogen ist.

Rezept für die Badewanne

Auch in der Badewanne können Sie Ihr dominantes Chakra harmonisieren. Wichtig ist, dass Sie dabei jene ätherischen Öle verwenden, die zu Ihrem Chakra-Typ passen. Mischen Sie die ätherischen Öle kurz vor dem Baden mit einer Tasse Sahne (100–200 ml) und 2 bis 3 EL Honig – so werden die Wirkstoffe der Aromaöle gleichmäßig im Wasser verteilt. Geben Sie die Mischung mit Sahne und Honig erst direkt vor dem Baden ins heiße Wasser. Die Wassertemperatur sollte nicht über 40 Grad betragen. Es genügt, einmal oder höchstens zweimal in der Woche zu baden.

- Um Ihr Basischakra zu harmonisieren, empfiehlt sich folgende Mischung: 2 Tropfen Sandelholz, 2 Tropfen Patchouli, 4 Tropfen Anis

Chakra-Balance-Programm für die Kreative

Durch das folgende Programm wird vor allem die Energie im 2. Chakra harmonisiert. Dieses Programm ist ideal für Sie, wenn Sie zum Chakra-Typ »die Kreative« gehören. Versuchen Sie, die vorgeschlagenen Anwendungen und Tipps mindestens einen Monat lang zu beherzigen. Erst dann sollten Sie

Bilanz ziehen, Ihre Erfahrungen auswerten und falls nötig Veränderungen vornehmen.

Entspannung und Psychologie

Allgemeine Tipps für die Kreative

- Die Farbe Orange harmonisiert das 2. Chakra. Umgeben Sie sich immer wieder mal mit Orangetönen – tragen Sie entsprechende T-Shirts, Schals oder Pullis, benutzen Sie orange Decken oder Bettwäsche oder grundieren Sie die Wände eines Zimmers in zartem Orange.
- Versuchen Sie, Ihr Leben zu genießen. Öffnen Sie Ihre Sinne für die Schönheiten der Welt und führen Sie zwischendurch kleine »Genuss-Rituale« durch – ein Gläschen Wein, eine Kerze und schöne Musik ...
- Suchen Sie den Kontakt zum Wasser – gehen Sie öfter mal schwimmen, tauchen Sie Ihre Füße in einen See oder Fluss und nutzen Sie auch die Badewanne für kleine Pausen.
- Malen, zeichnen, fotografieren, musizieren oder basteln Sie: Hauptsache, Sie werden kreativ. Beflügeln Sie Ihre Fantasie, indem Sie Märchen lesen.
- Lernen Sie, »ja« zu sich selbst zu sagen – zu Ihrer Lebensfreude, Ihrem eigenen Körper und Ihrer Sinnlichkeit.

Die richtige Bachblüte

Die folgenden Bachblüten eignen sich besonders gut, um Ihren Chakra-Typ zu harmonisieren. Wählen Sie aus der folgenden Aufzählung jedoch nur eine aus – und zwar diejenige, bei der die Beschreibung Sie am meisten anspricht (die Beschreibungen finden Sie ab Seite 156 im Kapitel »Die Bachblütentherapie«):

Agrimony, Crab Apple, Honeysuckle, Hornbeam, Mimulus, Olive, Pine, Rock Rose, Star of Bethlehem, Sweet Chestnut, Wild Oat

- Anwendung: Nehmen Sie dreimal täglich vor den Mahlzeiten je 4 bis 5 Tropfen ein.

Heilende Düfte

Sorgen Sie für eine gute Atmosphäre in Ihren Wohn- oder Arbeitsräumen. Lassen Sie abwechselnd eine der folgenden Mischungen ätherischer Öle in der Duftlampe im Raum verdampfen – diese Mischungen harmonisieren Ihr dominantes Chakra, und es genügt, die Düfte ein- bis zweimal täglich auf sich wirken zu lassen.

Hier die besten Mischungen für den Chakra-Typ »die Kreative«:

- 4 Tropfen Bitterorange und 2 Tropfen Pfeffer
- 3 Tropfen Grapefruit und 3 Tropfen Orange
- 4 Tropfen Jasmin und 2 Tropfen Anis

Entspannung und »Fantasiereise«

Legen Sie sich in bequemer Kleidung auf den Rücken und decken Sie sich falls nötig zu, damit Ihnen nicht kalt wird. Schließen Sie die Augen, atmen Sie tief durch und entspannen Sie sich. Fühlen Sie, wie Ihre Füße, Ihre Beine, Ihr Rücken, Ihre Arme und schließlich Ihr Kopf ganz warm und schwer werden und sich dann Ihre Gesichtszüge ebenfalls ganz entspannen.

Lassen Sie vor Ihrem inneren Auge das Bild eines kleinen Flusses entstehen. Sie folgen einem schmalen Pfad am Ufer dieses Flusses, der sich gemeinsam mit dem Wasserlauf durch die Landschaft windet. Dabei werden Sie ganz vom Rauschen und Plätschern des Wassers eingehüllt, das keine anderen Geräusche an Ihr Ohr dringen lässt. Beobachten Sie, wie das Wasser über die Steine am Flussufer sprudelt und viele kleine Wellen schlägt. Die Sonne zeichnet schimmernde Lichtreflexe auf das Wasser, die mit jeder Welle neu entstehen. Dann setzen Sie sich auf einen warmen Felsen am Ufer und lassen Ihre nackten Füße ins kühle, erfrischende Wasser baumeln. Fühlen Sie, wie es an Ihren Füßen entlangströmt und sie mitziehen will, und genießen Sie das Gefühl, die Kraft des Wassers zu spüren und sich von seinem Rauschen umspülen zu lassen.

Beenden Sie die Fantasiereise, indem Sie dieses Bild langsam verlassen und wieder zurück in Ihren Körper kommen. Spüren Sie noch einmal all Ihre Muskeln und atmen Sie einige Male tief durch, bevor Sie die Augen öffnen und wieder ganz ins Hier und Jetzt zurückkehren.

Meditation

Setzen Sie sich im Schneidersitz auf den Boden und achten Sie darauf, dass Sie gerade sitzen und Ihre Wirbelsäule frei aufgerichtet ist. Mit einem flachen Kissen unter dem Po fällt es oft leichter, entspannt aufrecht zu sitzen. Notfalls können Sie auch auf einem Stuhl sitzen – Sie sollten sich dann aber auf keinen Fall anlehnen, sondern den Rücken gerade aufrichten. Legen Sie Ihre Hände auf Ihre Oberschenkel oder Knie, schließen Sie die Augen und entspannen Sie Ihre Schultern, den Nacken und die Gesichtsmuskeln.
Lassen Sie Ihre Gedanken zur Ruhe kommen und atmen Sie einige Male tief durch, bis Ihr Atem frei fließt. Denken Sie dann innerlich im Rhythmus Ihrer Atemzüge den Satz: »ICH BIN – KRAFT«. Atmen Sie dabei langsam und ganz entspannt. Bei jedem Einatmen denken Sie: »ICH BIN« und bei jedem Ausatmen: »KRAFT«. Wiederholen Sie den Satz auf diese Weise ein paar Minuten lang, bis Sie ihn nicht mehr nur denken, sondern auch die Kraft in sich spüren können. Dann beenden Sie die Meditation, indem Sie tief durchatmen, die Augen öffnen und sich noch einige Minuten der Ruhe gönnen.

Gesundheit und Wohlbefinden

Brennnesseltee: Um das 2. Chakra auszugleichen, empfiehlt es sich, täglich zwei Tassen davon zu trinken. Zur Zubereitung von Brennnesseltee übergießen Sie 1 bis 2 TL Brennnesselkraut pro Tasse mit kochendem Wasser. Lassen Sie den Tee 8 Minuten lang ziehen, bevor Sie ihn abgießen.

Heilende Edelsteine

Wählen Sie aus den hier aufgezählten Heilsteinen denjenigen aus, der am besten zu Ihnen passt – entweder intuitiv oder indem Sie die Beschreibungen ab Seite 125 »Heilende Edelsteine« durchlesen.

Legen Sie den Stein Ihrer Wahl täglich für etwa 10 Minuten direkt auf den Bauch – etwa drei Fingerbreit unterhalb des Bauchnabels. Legen Sie sich dazu auf den Rücken. Sie können den Stein auch mit den Händen halten, indem Sie sie über dem Stein verschränken. Tragen Sie den Heilstein außerdem im Alltag immer wieder bei sich – am besten in der Hosentasche. Hier die idealen Steine zur Harmonisierung Ihres Sakralchakras:

Achat, Bernstein, Citrin, Gelber Jaspis, Granat, Rosenquarz, Rubin, Tigerauge oder Topas

Schönheit und Balance

Yogaübung

Die folgende Übung eignet sich besonders gut, um das Sakralchakra zu harmonisieren. Führen Sie die Übung möglichst einmal täglich, jedoch nur mit nüchternem Magen durch. Tragen Sie bequeme Kleidung und achten Sie unbedingt auf Ihre Dehngrenze. Lassen Sie den Atem während der Übung tief und frei strömen.

Setzen Sie sich mit geradem Rücken und gestreckten Beinen auf den Boden. Spannen Sie die Bauchmuskeln an, indem Sie den Nabel nach innen ziehen. Legen Sie die Hände auf die Oberschenkel und tasten Sie mit den Händen an den ausgestreckten Beinen entlang langsam in Richtung Füße – der Kopf wird dabei immer näher zu den Knien geführt. Gehen Sie nur so weit, wie es für Sie noch angenehm ist. Anfangs brauchen Sie die Knie noch nicht durchzudrücken, sondern können sie während der Endstellung leicht angewinkelt lassen. Im Idealfall sollten Sie Ihre Hände neben den Füßen ab-

legen – es reicht aber auch, wenn die Hände neben den Unterschenkeln liegen. Lassen Sie den Kopf in der Endstellung, die Sie zwei bis drei Atemzüge lang halten sollten, passiv hängen. Dann den Rücken mit angespannten Bauchmuskeln wieder sehr langsam aufrollen, bis der Oberkörper aufrecht ist, und die Übung dreimal wiederholen.
Vorsicht: Bei Problemen mit den Bandscheiben oder dem Ischiasnerv sollten Sie auf die Übung verzichten!

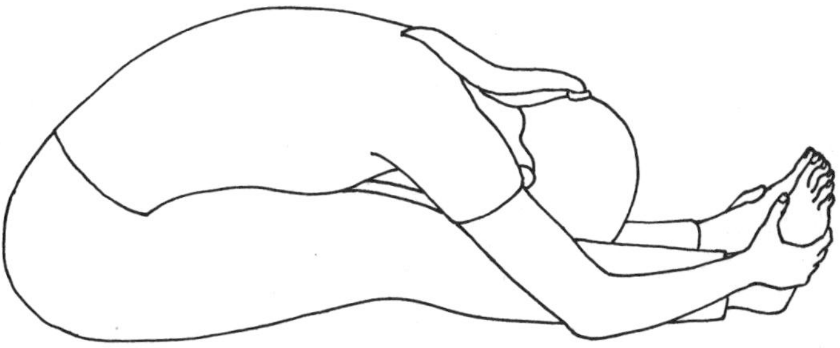

»Kniekuss«

Massage

Mischen Sie 2 EL Kokosöl in einem Schälchen mit 4 Tropfen Sandelholz und 2 Tropfen Orange. Wärmen Sie die Ölmischung im Wasserbad leicht an. Massieren Sie dann zunächst Ihren Bauch unterhalb des Nabels mit fließenden, kreisenden Bewegungen. Verteilen Sie das Massageöl dann auch nach hinten auf den unteren Rücken sowie über das Gesäß, bis das ganze Öl gut in die Haut eingezogen ist.

Rezept für die Badewanne

Auch in der Badewanne können Sie Ihr dominantes Chakra harmonisieren. Wichtig ist, dass Sie dabei jene ätherischen Öle verwenden, die zu Ihrem Chakra-Typ passen. Mischen Sie die ätherischen Öle kurz vor dem Baden mit einer Tasse Sahne (100–200 ml) und 2 bis 3 EL Honig – so werden die

Wirkstoffe der Aromaöle gleichmäßig im Wasser verteilt. Geben Sie die Mischung mit Sahne und Honig erst direkt vor dem Baden ins heiße Wasser. Die Wassertemperatur sollte nicht über 40 Grad betragen. Es genügt, einmal oder höchstens zweimal in der Woche zu baden.

- Um Ihr Sakralchakra zu harmonisieren, empfiehlt sich folgende Mischung: 2 Tropfen Bitterorange, 2 Tropfen Rose und 4 Tropfen Jasmin

Chakra-Balance-Programm für die Gefühlvolle

Durch das folgende Programm können Sie die Energie im 3. Chakra besonders effektiv harmonisieren. Dieses Programm ist für Sie besonders empfehlenswert, wenn Sie zum Chakra-Typ »die Gefühlvolle« gehören. Versuchen Sie, die vorgeschlagenen Anwendungen und Tipps mindestens einen Monat lang zu beherzigen. Anschließend können Sie darangehen, Ihre Erfahrungen auszuwerten und falls nötig Veränderungen vornehmen.

Entspannung und Psychologie

Allgemeine Tipps für die Gefühlvolle

- Gelbe Farbtöne gleichen das 3. Chakra aus. Sorgen Sie für gelbe Farbtupfer in Bad oder Küche – etwa durch gelbe Kacheln oder Handtücher. Wählen Sie einzelne Kleidungsstücke in leuchtendem Gelb oder benutzen Sie gelbe Tagesdecken, Bettwäsche oder entsprechende Teppiche.

- Machen Sie sich Ihre Gefühle in jeder Situation bewusst und geben Sie ihnen Raum sich auszudrücken. Versuchen Sie, mehr zu spüren, und nicht zu viel zu denken (grübeln). Vertrauen Sie Ihrer Spontaneität und folgen Sie der Stimme »aus Ihrem Bauch«.
- Entwickeln Sie Ihr schauspielerisches Talent – schließen Sie sich einer Theatergruppe an oder suchen Sie sich andere Tätigkeiten, die Sie mit großer Begeisterung machen können.

Die richtige Bachblüte

Die folgenden Bachblüten eignen sich besonders gut, um Ihren Chakra-Typ zu harmonisieren. Wählen Sie aus der folgenden Aufzählung jedoch nur eine aus – und zwar diejenige, bei der die Beschreibung Sie am meisten anspricht (die Beschreibungen finden Sie ab Seite 156 im Kapitel »Die Bachblütentherapie«):

Chestnut Bud, Gentian, Holly, Larch, Mimulus, Rock Rose, Star of Bethlehem, Sweet Chestnut, Walnut, Wild Oat, Wild Rose

- Anwendung: Nehmen Sie dreimal täglich vor den Mahlzeiten je 4 bis 5 Tropfen ein.

Heilende Düfte

Sorgen Sie für eine gute Atmosphäre in Ihren Wohn- oder Arbeitsräumen. Lassen Sie abwechselnd die folgenden Mischungen ätherischer Öle in der Duftlampe im Raum verdampfen – diese Mischungen harmonisieren Ihr dominantes Chakra, und es genügt, die Düfte ein- bis zweimal täglich auf sich wirken zu lassen.

Hier die besten Mischungen für den Chakra-Typ »die Gefühlvolle«:

- 4 Tropfen Kamille und 2 Tropfen Rosmarin
- 3 Tropfen Lemongras und 3 Tropfen Cajeput
- 4 Tropfen Rosmarin und 2 Tropfen Lavendel

Entspannung und »Fantasiereise«

Legen Sie sich in bequemer Kleidung auf den Rücken und decken Sie sich falls nötig zu, damit Ihnen nicht kalt wird. Schließen Sie die Augen, atmen Sie tief durch und entspannen Sie sich. Fühlen Sie, wie Ihre Füße, Ihre Beine, Ihr Rücken, Ihre Arme und schließlich Ihr Kopf ganz warm und schwer werden und sich dann Ihre Gesichtszüge ebenfalls ganz entspannen.

Lassen Sie vor Ihrem inneren Auge das Bild eines hellen Sommertages entstehen. Sie gehen barfuß über eine Wiese und genießen die Helligkeit und die Wärme der Sonne. Die Wiese ist von unzähligen gelben Blümchen übersät, die in der Sonne leuchten. Es ist so warm, dass sich selbst das Gras unter Ihren Füßen warm und trocken anfühlt. Ein warmer Windhauch bringt die Luft zum Flirren und streicht sanft über Ihre Haut. Sie strecken sich im Gras aus und lassen sich von der Sonne bescheinen, um ihre Kraft besser aufnehmen zu können. Dabei trifft ein Lichtstrahl Ihre Augen und lenkt Ihren Blick auf einige Sonnenblumen, die ihre Köpfe dem hellen Licht der Sonne entgegenstrecken.

Beenden Sie die Fantasiereise, indem Sie dieses Bild langsam verlassen und wieder zurück in Ihren Körper kommen. Spüren Sie noch einmal all Ihre Muskeln und atmen Sie einige Male tief durch, bevor Sie die Augen öffnen und wieder ganz ins Hier und Jetzt zurückkehren.

Meditation

Setzen Sie sich im Schneidersitz auf den Boden und achten Sie darauf, dass Sie gerade sitzen und Ihre Wirbelsäule frei aufgerichtet ist. Mit einem flachen Kissen unter dem Po fällt es oft leichter, entspannt aufrecht zu sitzen. Notfalls können Sie auch auf einem Stuhl sitzen – Sie sollten sich dann aber auf keinen Fall anlehnen, sondern den Rücken gerade aufrichten. Legen Sie Ihre Hände auf Ihre Oberschenkel oder Knie, schließen Sie die Augen und entspannen Sie Ihre Schultern, den Nacken und die Gesichtsmuskeln.

Lassen Sie Ihre Gedanken zur Ruhe kommen und atmen Sie einige Male tief durch, bis Ihr Atem frei fließt. Denken Sie dann innerlich im Rhythmus Ihrer Atemzüge den Satz: »ICH BIN – LEBEN«. Atmen Sie dabei langsam und ganz entspannt. Bei jedem Einatmen denken Sie: »ICH BIN« und bei jedem Ausatmen: »LEBEN«. Wiederholen Sie den Satz auf diese Weise ein paar Minuten lang, bis Sie ihn nicht mehr nur denken, sondern auch das pulsierende Leben in sich spüren können. Dann beenden Sie die Meditation, indem Sie tief durchatmen, die Augen öffnen und sich noch einige Minuten der Ruhe gönnen.

Gesundheit und Wohlbefinden

Hopfentee: Zur Harmonisierung des 3. Chakras trinken Sie abends eine große Tasse. Um Hopfentee zuzubereiten, gießen Sie 1 bis 2 TL Hopfendolden pro Tasse mit kochendem Wasser auf. Lassen Sie den Tee 10 Minuten lang zugedeckt ziehen, bevor Sie ihn abgießen, und trinken Sie ihn möglichst warm.

Heilende Edelsteine

Wählen Sie aus den hier aufgezählten Heilsteinen denjenigen aus, der am besten zu Ihnen passt – entweder intuitiv oder indem Sie die Beschreibungen ab Seite 125 »Heilende Edelsteine« durchlesen.
Legen Sie den Stein Ihrer Wahl täglich für etwa 10 Minuten direkt auf den Bauch – etwa vier Fingerbreit oberhalb des Bauchnabels in die Magengrube. Legen Sie sich dazu auf den Rücken. Sie können den Stein auch mit den Händen halten, indem Sie sie über dem Stein verschränken. Tragen Sie den Heilstein außerdem im Alltag immer wieder bei sich – am besten in der Hosentasche. Hier die besten Steine zur Harmonisierung Ihres Nabelchakras:
Achat, Bernstein, Gelber Jaspis, Goldtopas, Jade, Koralle oder Tigerauge

Yogaübung

Die folgende Übung eignet sich besonders gut, um das Nabelchakra zu harmonisieren. Führen Sie die Übung möglichst einmal täglich, jedoch nur mit nüchternem Magen durch. Tragen Sie bequeme Kleidung und achten Sie unbedingt auf Ihre Dehngrenze. Atmen Sie tief und frei.

Setzen Sie sich mit gestreckten Beinen auf den Boden, die Füße sind geschlossen. Legen Sie die Hände neben dem Po auf den Boden – die Finger zeigen in Richtung Füße. Spannen Sie Bauchmuskeln und Beckenboden an, drücken Sie mit den Handflächen fest gegen den Boden und heben Sie Beine und Po nach oben. In der Endstellung sollten nur die Hände und Füße den Boden berühren. Beine, Becken, Brust und Kopf sollten in einer schrägen Linie gehalten werden (legen Sie den Kopf nicht in den Nacken, sondern halten Sie ihn in der Verlängerung des Oberkörpers). Arme, Bauch, Becken und Beine sind in dieser Stellung fest angespannt. Halten Sie sie einige Sekunden, dann ausatmen und das Becken wieder zum Boden sinken lassen. Nach kurzer Entspannung noch ein- bis zweimal wiederholen.

Vorsicht: Bei Beschwerden im Bereich der Handgelenke oder Ellbogen sollten Sie auf die Übung verzichten!

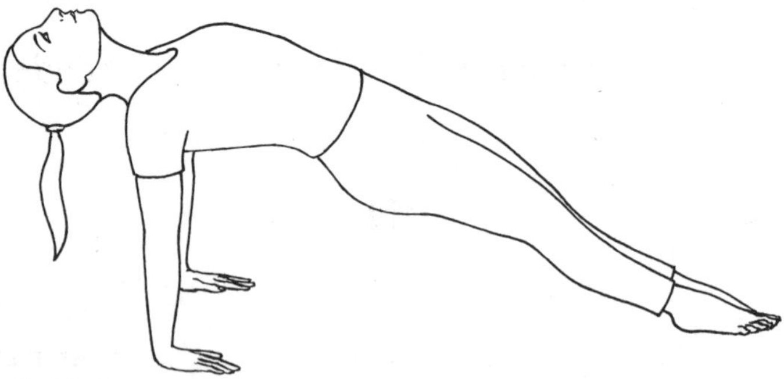

»Tischhaltung«

Massage

Mischen Sie 2 EL Sesamöl in einem Schälchen mit 4 Tropfen Lavendel und 2 Tropfen Jasmin. Wärmen Sie die Ölmischung im Wasserbad leicht an. Massieren Sie dann Ihren Oberbauch mit fließenden, kreisenden Bewegungen. Verteilen Sie das Massageöl dann auch nach unten auf den Unterbauch und nach hinten auf den unteren Rücken, bis das Öl gut eingezogen ist.

Rezept für die Badewanne

Auch in der Badewanne können Sie Ihr dominantes Chakra harmonisieren. Wichtig ist, dass Sie dabei jene ätherischen Öle verwenden, die zu Ihrem Chakra-Typ passen. Mischen Sie die ätherischen Öle kurz vor dem Baden mit einer Tasse Sahne (100–200 ml) und 2 bis 3 EL Honig – so werden die Wirkstoffe der Aromaöle gleichmäßig im Wasser verteilt. Geben Sie die Mischung mit Sahne und Honig erst direkt vor dem Baden ins heiße Wasser. Die Wassertemperatur sollte nicht über 40 Grad betragen. Es genügt, einmal oder höchstens zweimal in der Woche zu baden.

- Um Ihr Nabelchakra zu harmonisieren, empfiehlt sich folgende Mischung: 2 Tropfen Basilikum, 4 Tropfen Kamille, 2 Tropfen Rosmarin

Chakra-Balance-Programm für die Liebende

Durch die Anwendungen im unten beschriebenen Programm lassen sich die Energien im 4. Chakra sehr gut ausbalancieren. Das Programm ist für Sie sehr empfehlenswert, wenn Sie zum Chakra-Typ »die Liebende« gehören. Versuchen Sie jedoch, die Anwendungen und Tipps mindestens einen Monat lang zu beherzigen. Anschließend können Sie Ihre Erfahrungen auswerten und falls nötig das ein oder andere verändern.

Entspannung und Psychologie

Allgemeine Tipps für die Liebende

- Die Farbe Grün harmonisiert das 4. Chakra besonders gut. Tragen Sie gelegentlich grüne T-Shirts, Pullis oder Hosen – wählen Sie Bettwäsche, Teppiche oder Vorhänge in zarten Grüntönen und bringen Sie frisches Grün ins Zimmer, indem Sie Zimmer- und Balkonpflanzen aufstellen.
- Versuchen Sie, jedem Menschen, dem Sie begegnen, Ihre ganze Aufmerksamkeit zu schenken. Üben Sie sich in der Kunst zuzuhören. Doch nehmen Sie auch sich selbst liebevoll an.
- Falls Sie Kinder haben, so versuchen Sie, viel Zeit mit Ihnen zu verbringen. Oder verbringen Sie Zeit mit Ihrem Partner oder guten Freunden. Engagieren Sie sich im sozialen Bereich – helfen Sie dort, wo Sie das Gefühl haben, dass Ihre Hilfe dringend benötigt wird.
- Verwöhnen Sie sich selbst. Nehmen Sie sich zwischendurch immer wieder mal etwas Zeit, nach innen zu gehen und Ihren eigenen Bedürfnissen auf die Spur zu kommen.

Die richtige Bachblüte

Die folgenden Bachblüten eignen sich besonders gut, um Ihren Chakra-Typ zu harmonisieren. Wählen Sie aus der folgenden Aufzählung jedoch nur eine aus – und zwar diejenige, bei der die Beschreibung Sie am meisten anspricht (die Beschreibungen finden Sie ab Seite 156 im Kapitel »Die Bachblütentherapie«):

Agrimony, Beech, Centaury, Chicory, Heather, Olive, Pine, Red Chestnut, Rock Rose, Star of Bethlehem, Sweet Chestnut, Willow

- Anwendung: Nehmen Sie dreimal täglich vor den Mahlzeiten je 4 bis 5 Tropfen ein.

Heilende Düfte

Sorgen Sie für eine gute Atmosphäre in Ihren Wohn- oder Arbeitsräumen. Lassen Sie die folgenden Mischungen ätherischer Öle abwechselnd in der Duftlampe im Raum verdampfen – diese Mischungen harmonisieren Ihr dominantes Chakra, und es genügt, sie ein- bis zweimal täglich auf sich wirken zu lassen.

Hier die besten Mischungen für den Chakra-Typ »die Liebende«:

- 3 Tropfen Lavendel und 3 Tropfen Bergamotte
- 4 Tropfen Patchouli und 2 Tropfen Eukalyptus
- 5 Tropfen Rose

Entspannung und »Fantasiereise«

Legen Sie sich in bequemer Kleidung auf den Rücken und decken Sie sich falls nötig zu, damit Ihnen nicht kalt wird. Schließen Sie die Augen, atmen Sie tief durch und entspannen Sie sich. Fühlen Sie, wie Ihre Füße, Ihre Beine, Ihr Rücken, Ihre Arme und schließlich Ihr Kopf ganz warm und schwer werden und sich dann Ihre Gesichtszüge ebenfalls ganz entspannen.

Lassen Sie vor Ihrem inneren Auge das Bild einer Waldlichtung entstehen. Sie gehen am Rand der Lichtung unter den herabhängenden Zweigen der Bäume entlang. Die Sonne scheint durch das leuchtend grüne Laub der Bäume und erfüllt den Wald mit einem sanften, grünen Licht. Es ist nichts zu hören – außer dem Zwitschern der Vögel und dem sanften Rauschen des Windes in den Blättern. Nun treten Sie aus dem Schatten der Bäume und setzen sich ins hohe Gras am

Rande der Lichtung. Der unberührte Wald rings um die Lichtung ist voller Leben und leuchtet in den verschiedensten Grüntönen. Jeder Windhauch trägt den Duft von Tannennadeln, Buchenlaub oder Kastanien mit sich, der sich mit dem moosigen Geruch der Erde unter ihnen vermischt. Ihre Finger streichen durch die frischen Grashalme, und Sie werden von tiefer Ruhe erfüllt.
Beenden Sie die Fantasiereise, indem Sie dieses Bild langsam verlassen und wieder zurück in Ihren Körper kommen. Spüren Sie noch einmal all Ihre Muskeln und atmen Sie einige Male tief durch, bevor Sie die Augen öffnen und wieder ganz ins Hier und Jetzt zurückkehren.

Meditation

Setzen Sie sich im Schneidersitz auf den Boden und achten Sie darauf, dass Sie gerade sitzen und Ihre Wirbelsäule frei aufgerichtet ist. Mit einem flachen Kissen unter dem Po fällt es oft leichter, entspannt aufrecht zu sitzen. Notfalls können Sie auch auf einem Stuhl sitzen, Sie sollten sich dann aber auf keinen Fall anlehnen, sondern den Rücken gerade aufrichten. Legen Sie Ihre Hände auf Ihre Oberschenkel oder Knie, schließen Sie die Augen und entspannen Sie Ihre Schultern, den Nacken und die Gesichtsmuskeln.
Lassen Sie Ihre Gedanken zur Ruhe kommen und atmen Sie einige Male tief durch, bis Ihr Atem frei fließt. Denken Sie dann innerlich im Rhythmus Ihrer Atemzüge den Satz: »ICH BIN – LIEBE«. Atmen Sie dabei langsam und ganz entspannt. Bei jedem Einatmen denken Sie: »ICH BIN« und bei jedem Ausatmen: »LIEBE«. Wiederholen Sie den Satz auf diese Weise ein paar Minuten lang, bis Sie ihn nicht mehr nur denken, sondern auch eine umfassende Liebe in sich spüren können. Dann beenden Sie die Meditation, indem Sie tief durchatmen, die Augen öffnen und sich noch einige Minuten der Ruhe gönnen.

Melissentee: Zur Harmonisierung des 4. Chakras sollten Sie über den Tag verteilt zwei bis drei Tassen Melissentee trinken. Zur Zubereitung übergießen Sie 2 TL Melissenblätter pro Tasse mit kochendem Wasser. Lassen Sie den Tee 10 Minuten lang zugedeckt ziehen, bevor Sie ihn abgießen.

Heilende Edelsteine

Wählen Sie aus den hier aufgezählten Heilsteinen denjenigen aus, der am besten zu Ihnen passt – entweder intuitiv oder indem Sie die Beschreibungen ab Seite 125 »Heilende Edelsteine« durchlesen.
Legen Sie den Stein Ihrer Wahl täglich für etwa 10 Minuten direkt auf die Mitte Ihrer Brust. Legen Sie sich dazu auf den Rücken. Sie können den Stein auch mit den Händen halten, indem Sie sie über dem Stein verschränken. Tragen Sie den Heilstein außerdem im Alltag immer wieder bei sich – am besten in der Hosentasche oder an einer Halskette. Hier die besten Steine zur Harmonisierung Ihres Herzchakras:
Chrysopras, Jade, Koralle, Rosenquarz, Rubin, Smaragd oder Türkis

Schönheit und Balance

Yogaübung

Die folgende Übung eignet sich besonders gut, um das Herzchakra zu harmonisieren. Führen Sie die Übung möglichst einmal täglich, jedoch nur mit nüchternem Magen durch. Tragen Sie bequeme Kleidung und achten Sie unbedingt auf Ihre Dehngrenze. Lassen Sie den Atem während der Übung tief und frei strömen.
Legen Sie sich auf den Rücken, strecken Sie die Arme nach hinten in die Verlängerung des Körpers und stellen Sie die

Füße auf. Die Handflächen zeigen nach oben und die Füße sind etwa hüftbreit auseinander. Spannen Sie in dieser Haltung Bauch- und Beckenbodenmuskeln an, indem Sie den Nabel nach innen und oben ziehen. Heben Sie dann langsam das Becken vom Boden ab – Ihre Wirbelsäule löst sich dabei Wirbel für Wirbel vom Boden. Drücken Sie die Fußsohlen fest gegen den Boden: In der Endstellung ruht Ihr Gewicht nur auf Füßen, Schultern und Nacken – Oberschenkel und Oberkörper bilden eine schräge Linie. Lösen Sie die Haltung nach zwei tiefen Atemzügen auf, indem Sie Rücken und Becken wieder langsam sinken lassen. Wiederholen Sie das dreimal.
Vorsicht: Verzichten Sie auf die Übung, wenn Sie häufig Migräne oder Kopfschmerzen haben, unter Schwindel oder Tinnitus leiden oder Probleme mit der Halswirbelsäule haben!

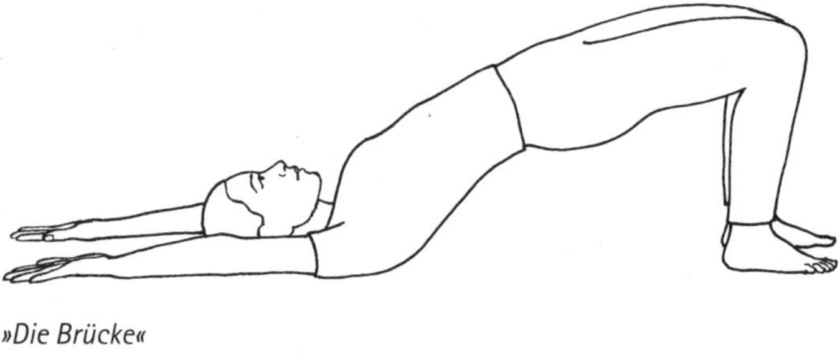

»Die Brücke«

Massage

Mischen Sie 2 EL kalt gepresstes Olivenöl in einem Schälchen mit 4 Tropfen Rose und 2 Tropfen Bergamotte. Wärmen Sie die Ölmischung im Wasserbad leicht an. Massieren Sie dann Ihre Brust mit fließenden, kreisenden Bewegungen ein und verteilen Sie den Rest des Öls auf dem Oberbauch und im Rippenbereich, bis das Öl gut eingezogen ist.

Rezept für die Badewanne
Auch in der Badewanne können Sie Ihr dominantes Chakra harmonisieren. Wichtig ist, dass Sie dabei jene ätherischen Öle verwenden, die zu Ihrem Chakra-Typ passen. Mischen Sie die ätherischen Öle kurz vor dem Baden mit einer Tasse Sahne (100–200 ml) und 2 bis 3 EL Honig – so werden die Wirkstoffe der Aromaöle gleichmäßig im Wasser verteilt. Geben Sie die Mischung mit Sahne und Honig erst direkt vor dem Baden ins heiße Wasser. Die Wassertemperatur sollte nicht über 40 Grad betragen. Es genügt, einmal oder höchstens zweimal in der Woche zu baden.

- Um Ihr Herzchakra zu harmonisieren, empfiehlt sich folgende Mischung: 4 Tropfen Rose, 2 Tropfen Basilikum und 2 Tropfen Patchouli

Chakra-Balance-Programm für die Erfolgreiche

Die im folgenden Programm zusammengefassten Anwendungen harmonisieren das 5. Chakra besonders effektiv. Dieses Programm ist für Sie optimal, wenn Sie zum Chakra-Typ »die Erfolgreiche« gehören. Halten Sie sich mindestens einen Monat lang an die Empfehlungen. Erst dann sollten Sie Bilanz ziehen, Ihre Erfahrungen auswerten und nötigenfalls Veränderungen vornehmen.

Allgemeine Tipps für die Erfolgreiche

- Hellblau harmonisiert das 5. Chakra. Bringen Sie entsprechende Farbtöne in Ihr Leben – tragen Sie hellblaue Schals oder Pullis, benutzen Sie hellblaue Decken oder Bettwäsche, verzieren Sie Ihr Bad mit einzelnen hellblauen Kacheln oder hängen Sie Bilder oder Poster auf, die viel blauen Himmel zeigen.
- Kümmern Sie sich nicht zu sehr um den rein finanziellen, sondern lieber um den ganzheitlichen Erfolg. Achten Sie darauf, dass Ihre Ziele nicht nur Ihr Konto, sondern auch Ihre Entwicklung fördern.
- Beschäftigen Sie sich mit Sprache im weitesten Sinne. Lernen Sie eine Fremdsprache, besuchen Sie einen Rhetorikkurs, nehmen Sie Unterricht in Stimmbildung oder melden Sie sich bei Körpersprache- und/oder Kommunikationsseminaren. Lernen Sie, Ihre Bedürfnisse klar auszudrücken, und helfen Sie anderen dabei, das ebenfalls zu tun, indem Sie intensiv zuhören.
- Nehmen Sie sich Zeit, regelmäßig zu meditieren, und beschäftigen Sie sich mit Ihren Träumen, indem Sie ein Traumtagebuch anlegen.

Die richtige Bachblüte

Die folgenden Bachblüten eignen sich besonders gut, um Ihren Chakra-Typ zu harmonisieren. Wählen Sie aus der folgenden Aufzählung jedoch nur eine aus – und zwar diejenige, bei der die Beschreibung Sie am meisten anspricht (die Beschreibungen finden Sie ab Seite 156 im Kapitel »Die Bachblütentherapie«):

Cerato, Elm, Heather, Impatiens, Larch, Oak, Pine, Rock Rose, Rock Water, Star of Bethlehem, Sweet Chestnut, Vervain, Vine, Willow

- Anwendung: Nehmen Sie dreimal täglich vor den Mahlzeiten je 4 bis 5 Tropfen ein.

Heilende Düfte

Sorgen Sie für eine gute Atmosphäre in Ihren Wohn- oder Arbeitsräumen. Lassen Sie die folgenden Mischungen ätherischer Öle in der Duftlampe im Raum verdampfen – diese Mischungen harmonisieren Ihr dominantes Chakra, und es genügt, die Düfte ein- bis zweimal täglich auf sich wirken zu lassen.
Hier die besten Mischungen für den Chakra-Typ »die Erfolgreiche«:

- 4 Tropfen Salbei und 2 Tropfen Jasmin
- 4 Tropfen Zypresse und 2 Tropfen Lemongras
- 3 Tropfen Fenchel und 3 Tropfen Salbei

Entspannung und »Fantasiereise«

Legen Sie sich in bequemer Kleidung auf den Rücken und decken Sie sich falls nötig zu, damit Ihnen nicht kalt wird. Schließen Sie die Augen, atmen Sie tief durch und entspannen Sie sich. Fühlen Sie, wie Ihre Füße, Ihre Beine, Ihr Rücken, Ihre Arme und schließlich Ihr Kopf ganz warm und schwer werden und sich dann Ihre Gesichtszüge ebenfalls ganz entspannen.
Lassen Sie vor Ihrem inneren Auge das Bild des wolkenlosen Himmels entstehen. Sie gehen barfuß am Ufer eines großen, klaren Sees entlang, und der Kies knirscht unter Ihren Füßen. Die Wasseroberfläche ist ganz ruhig, und Sie können darin Ihr Spiegelbild erkennen. Jetzt machen Sie ein paar Schritte ins Wasser hinein und genießen die kühle Frische. Sie setzen sich auf einen großen Stein, der am Ufer liegt, und betrachten den strahlend blauen Himmel. Vom Horizont sind ein paar kleine weiße Wölkchen herangezogen. Während Sie beobachten, wie die Wölkchen über den Himmel ziehen, lösen sie sich vor Ihren Augen immer mehr auf, bis sie ganz verschwunden sind und der Himmel wieder völlig klar ist. Lassen Sie diese Klarheit des Himmels tief auf sich wirken.
Beenden Sie die Fantasiereise, indem Sie dieses Bild langsam verlassen und wieder zurück in Ihren Körper kommen. Spü-

ren Sie noch einmal all Ihre Muskeln und atmen Sie einige Male tief durch, bevor Sie die Augen öffnen und wieder ganz ins Hier und Jetzt zurückkehren.

Meditation

Setzen Sie sich im Schneidersitz auf den Boden und achten Sie darauf, dass Sie gerade sitzen und Ihre Wirbelsäule frei aufgerichtet ist. Mit einem flachen Kissen unter dem Po fällt es oft leichter, entspannt aufrecht zu sitzen. Notfalls können Sie auch auf einem Stuhl sitzen – Sie sollten sich dann aber auf keinen Fall anlehnen, sondern den Rücken gerade aufrichten. Legen Sie Ihre Hände auf Ihre Oberschenkel oder Knie, schließen Sie die Augen und entspannen Sie Ihre Schultern, den Nacken und die Gesichtsmuskeln.
Lassen Sie Ihre Gedanken zur Ruhe kommen und atmen Sie einige Male tief durch, bis Ihr Atem frei fließt. Denken Sie dann innerlich im Rhythmus Ihrer Atemzüge den Satz: »ICH BIN – HARMONIE«. Atmen Sie dabei langsam und ganz entspannt. Bei jedem Einatmen denken Sie: »ICH BIN« und bei jedem Ausatmen: »HARMONIE«. Wiederholen Sie den Satz auf diese Weise ein paar Minuten lang, bis Sie ihn nicht mehr nur denken, sondern auch die Harmonie in Körper und Seele spüren können. Dann beenden Sie die Meditation, indem Sie tief durchatmen, die Augen öffnen und sich noch kurz etwas Ruhe gönnen.

Gesundheit und Wohlbefinden

Salbeitee: Zur Harmonisierung des 5. Chakras trinken Sie morgens und abends je eine Tasse Salbeitee. Zubereitung: Gießen Sie 1 TL Salbei pro Tasse mit kochendem Wasser auf. Lassen Sie den Tee 8 Minuten lang ziehen, bevor Sie ihn abseihen. Sie können Salbeitee auch kalt trinken und mit etwas Honig süßen.

Heilende Edelsteine

Wählen Sie aus den hier aufgezählten Heilsteinen denjenigen aus, der am besten zu Ihnen passt – entweder intuitiv oder indem Sie die Beschreibungen ab Seite 125 »Heilende Edelsteine« durchlesen.
Legen Sie den Stein Ihrer Wahl täglich für etwa 10 Minuten direkt in die kleine Halsgrube zwischen den Schlüsselbeinen. Legen Sie sich dazu auf den Rücken. Sie können den Stein auch mit den Händen halten, indem Sie sie sanft über dem Stein verschränken. Tragen Sie den Heilstein außerdem im Alltag immer wieder bei sich – am besten an einer Halskette.
Hier die besten Steine zur Harmonisierung Ihres Halschakras:
Achat, Aquamarin, Blauer Saphir oder Türkis

Schönheit und Balance

Yogaübung

Die folgende Übung eignet sich besonders gut, um das Halschakra zu harmonisieren. Führen Sie die Übung möglichst einmal täglich, jedoch nur mit nüchternem Magen durch. Tragen Sie bequeme Kleidung und achten Sie unbedingt auf Ihre Dehngrenze. Lassen Sie den Atem während der Übung tief und frei strömen.
Die Ausgangsstellung ist der Schneidersitz. Achten Sie darauf, dass Ihre Wirbelsäule möglichst aufrecht und das Becken stabil ist. Ein festes Kissen unter dem Po erleichtert das aufrechte Sitzen. Falten Sie die Hände vor dem Brustbein – die Handflächen liegen flach aufeinander, und die Finger zeigen nach oben in Richtung Hals. Ausatmend lassen Sie den Kopf leicht nach vorne sinken und machen den Nacken lang. Atmen Sie in dieser Stellung dreimal sehr langsam und tief durch. Dann den Kopf wieder heben, kurz pausieren und die Übung noch zweimal wiederholen.

»Bergstellung«

Massage

Mischen Sie 2 EL Calendulaöl in einem Schälchen mit 4 Tropfen Salbei und 2 Tropfen Fenchel. Wärmen Sie die Ölmischung im Wasserbad leicht an. Massieren Sie dann vorsichtig Ihren Nacken und Hals mit kleinen kreisenden Bewegungen ein. Mit dem restlichen Massageöl massieren Sie erst die Unter- dann die Oberarme und schließlich den oberen Brustbereich unterhalb der Schlüsselbeine, bis das Öl gut eingezogen ist.

Rezept für die Badewanne
Auch in der Badewanne können Sie Ihr dominantes Chakra harmonisieren. Wichtig ist, dass Sie dabei jene ätherischen Öle verwenden, die zu Ihrem Chakra-Typ passen. Mischen Sie die ätherischen Öle kurz vor dem Baden mit einer Tasse Sahne (100–200 ml) und 2 bis 3 EL Honig – so werden die Wirkstoffe der Aromaöle gleichmäßig im Wasser verteilt. Geben Sie die Mischung mit Sahne und Honig erst direkt vor dem Baden ins heiße Wasser. Die Wassertemperatur sollte nicht über 40 Grad betragen. Es genügt, einmal oder höchstens zweimal in der Woche zu baden.

- Um Ihr Halschakra zu harmonisieren, empfiehlt sich folgende Mischung: 4 Tropfen Fenchel, 2 Tropfen Jasmin und 2 Tropfen Lemongras

Chakra-Balance-Programm für die Intuitive

Durch das folgende Programm wird in erster Linie die Energie im 6. Chakra harmonisiert. Dieses Programm ist ideal für Sie, wenn Sie zum Chakra-Typ »die Intuitive« gehören. Versuchen Sie, die vorgeschlagenen Anwendungen und Tipps mindestens einen Monat zu beherzigen. Dann können Sie darangehen, Ihre Erfahrungen auszuwerten, und falls nötig Veränderungen vornehmen.

Allgemeine Tipps für die Intuitive

- Dunkelblaue Farben gleichen die Energien im 6. Chakra aus. Umgeben Sie sich immer wieder mal mit Dunkelblau – tragen Sie entsprechende T-Shirts, Schals oder Pullis oder benutzen Sie dunkelblaue Decken für Bett oder Sofa. Setzen Sie dunkle Blautöne in Wohnräumen jedoch nicht großflächig, sondern gezielt ein, denn so entfalten sie eine bessere Wirkung. Hier und da ein dunkelblaues Kissen, ein kleiner Teppich, eine Tischdecke oder ein entsprechender Schmuckstein genügen vollkommen.
- Bleiben Sie Ihren Idealen treu. Machen Sie sich bewusst, dass Sie sehr viel dazu beitragen können, die Welt positiv zu verändern.
- Lernen Sie, auf Ihre Intuition zu hören. Versuchen Sie, weniger nachzudenken, als vielmehr »zu spüren«, wie sich eine Situation weiterentwickeln könnte. Folgen Sie Ihrer inneren Stimme.
- Beschäftigen Sie sich mit der Welt der Fantasie – mit Märchen, Träumen oder Bildern, die neue Farben in Ihr Leben bringen können. Nehmen Sie sich zwischendurch immer mal wieder etwas Zeit, still zu werden und zu meditieren.

Die richtige Bachblüte

Die folgenden Bachblüten eignen sich besonders gut, um Ihren Chakra-Typ zu harmonisieren. Wählen Sie aus der folgenden Aufzählung jedoch nur eine aus – und zwar diejenige, bei der die Beschreibung Sie am meisten anspricht (die Beschreibungen finden Sie ab Seite 156 im Kapitel »Die Bachblütentherapie«):

Aspen, Cherry Plum, Chicory, Clematis, Impatiens, Red Chestnut, Rock Rose, Star of Bethlehem, Sweet Chestnut, Vine, Walnut, White Chestnut

- Anwendung: Nehmen Sie dreimal täglich vor den Mahlzeiten je 4 bis 5 Tropfen ein.

Heilende Düfte

Sorgen Sie für eine gute Atmosphäre in Ihren Wohn- oder Arbeitsräumen. Lassen Sie die folgenden Mischungen ätherischer Öle in der Duftlampe im Raum verdampfen – diese Mischungen harmonisieren Ihr dominantes Chakra, und es genügt, die Düfte ein- bis zweimal täglich auf sich wirken zu lassen.

Hier die besten Mischungen für den Chakra-Typ »die Intuitive«:

- 4 Tropfen Bitterorange und 2 Tropfen Kampfer
- 4 Tropfen Bergamotte und 2 Tropfen Pfefferminz
- 3 Tropfen Muskatellersalbei und 3 Tropfen Bergamotte

Entspannung und »Fantasiereise«

Legen Sie sich in bequemer Kleidung auf den Rücken und decken Sie sich falls nötig zu, damit Ihnen nicht kalt wird. Schließen Sie die Augen, atmen Sie tief durch und entspannen Sie sich. Fühlen Sie, wie Ihre Füße, Ihre Beine, Ihr Rücken, Ihre Arme und schließlich Ihr Kopf ganz warm und schwer werden und sich dann Ihre Gesichtszüge ebenfalls ganz entspannen.

Lassen Sie vor Ihrem inneren Auge das Bild des Nachthimmels entstehen. Sie spazieren im Dunkeln an einem einsamen Strand entlang, während über Ihnen am Himmel die Sterne funkeln. Die Nacht ist angenehm warm und umhüllt Sie mit dem salzigen Geruch des Meeres. Außer dem gleichmäßigen Rauschen der Wellen ist kein Geräusch zu hören. Schließlich legen Sie sich in den Sand, der warm und trocken ist, und betrachten den Sternenhimmel. Je länger Sie dort hinaufschauen, desto mehr Sterne entdecken Sie, und Sie verlieren sich in der endlosen Weite des Himmels. Dann fällt ein silbriger Lichtschein in Ihre Augen, und der Mond geht über dem Meer auf. In seinem Glanz erscheint das Meer unendlich weit ausgedehnt. Spüren Sie, wie die Weite des Meeres und des Himmels in diesem Moment auch Ihre Seele erfüllt.

Beenden Sie die Fantasiereise, indem Sie dieses Bild langsam verlassen und wieder zurück in Ihren Körper kommen. Spüren Sie noch einmal all Ihre Muskeln und atmen Sie einige Male tief durch, bevor Sie die Augen öffnen und wieder ganz ins Hier und Jetzt zurückkehren.

Meditation

Setzen Sie sich im Schneidersitz auf den Boden und achten Sie darauf, dass Sie gerade sitzen und Ihre Wirbelsäule frei aufgerichtet ist. Mit einem flachen Kissen unter dem Po fällt es oft leichter, entspannt aufrecht zu sitzen. Notfalls können Sie auch auf einem Stuhl sitzen – Sie sollten sich dann aber auf keinen Fall anlehnen, sondern den Rücken gerade aufrichten. Legen Sie Ihre Hände auf Ihre Oberschenkel oder Knie, schließen Sie die Augen und entspannen Sie Ihre Schultern, den Nacken und die Gesichtsmuskeln.
Lassen Sie Ihre Gedanken zur Ruhe kommen und atmen Sie einige Male tief durch, bis Ihr Atem frei fließt. Denken Sie dann innerlich im Rhythmus Ihrer Atemzüge den Satz: »ICH BIN – LICHT«. Atmen Sie dabei langsam und ganz entspannt. Bei jedem Einatmen denken Sie: »ICH BIN« und bei jedem Ausatmen: »LICHT«. Wiederholen Sie den Satz auf diese Weise ein paar Minuten lang, bis Sie ihn nicht mehr nur denken, sondern auch das Licht in sich spüren können. Dann beenden Sie die Meditation, indem Sie tief durchatmen, die Augen öffnen und sich noch einige Minuten der Ruhe gönnen.

Gesundheit und Wohlbefinden

Johanniskrauttee: Nehmen Sie zur Harmonisierung des 6. Chakras über den Tag verteilt zwei bis maximal drei Tassen zu sich. Um Johanniskrauttee zuzubereiten, übergießen Sie 2 TL Johanniskraut pro Tasse mit kochendem Wasser. Lassen Sie den Tee 8 Minuten lang ziehen, bevor Sie ihn abgießen.

Heilende Edelsteine

Wählen Sie aus den hier aufgezählten Heilsteinen denjenigen aus, der am besten zu Ihnen passt – entweder intuitiv oder indem Sie die Beschreibungen ab Seite 125 »Heilende Edelsteine« durchlesen.

Legen Sie den Stein Ihrer Wahl täglich für etwa 10 Minuten direkt in die Mitte Ihrer Stirn. Legen Sie sich dazu auf den Rücken. Sie können den Stein auch mit den Händen halten, indem Sie sie sanft über dem Stein verschränken. Tragen Sie den Heilstein außerdem im Alltag immer wieder bei sich – am besten an einer Halskette. Hier die besten Steine zur Harmonisierung Ihres Stirnchakras:

Aquamarin, Blauer Saphir, Blauer Turmalin, Feueropal, Lapislazuli, Opal, Topas oder Türkis

Schönheit und Balance

Yogaübung

Die folgende Übung eignet sich besonders gut, um das Stirnchakra zu harmonisieren. Führen Sie die Übung möglichst einmal täglich, jedoch nur mit nüchternem Magen durch. Tragen Sie bequeme Kleidung und achten Sie unbedingt auf Ihre Dehngrenze. Lassen Sie den Atem während der Übung tief und frei strömen.

Setzen Sie sich im Fersensitz auf den Boden – die Knie sind geschlossen, der Rücken ist aufrecht. Legen Sie falls nötig ein kleines Kissen zwischen die Fersen und den Po. Ausatmend lassen Sie den Oberkörper dann ganz langsam nach vorne sinken – dabei sollten Sie den Rücken Wirbel für Wirbel abrollen. In der Endstellung berührt die Stirn den Boden – die Arme werden neben die Beine nach hinten gelegt. Atmen Sie zwei- bis dreimal tief durch, dann richten Sie sich langsam wieder auf, indem Sie den Rücken Wirbel für Wirbel wieder aufrollen. Vermeiden Sie ruckartige Bewegungen. Wiederholen Sie die Übung noch einmal.

Vorsicht: Bei Entzündungen im Bauchraum, während der Menstruation sowie bei sehr hohem Blutdruck oder akuten Kopfschmerzen sollten Sie auf die Übung verzichten!

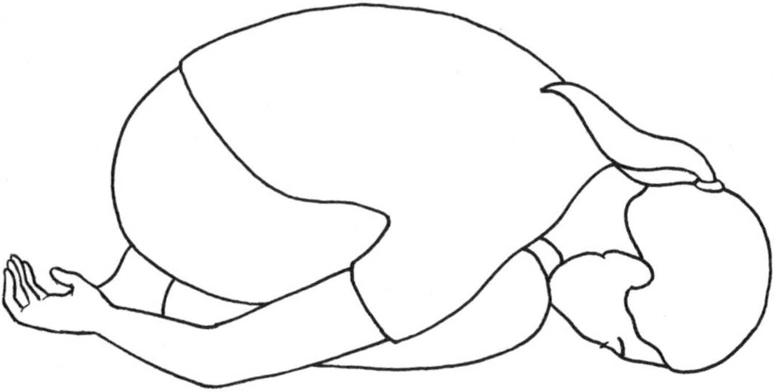

»Kindchenstellung«

Massage

Mischen Sie 1 TL Avocadoöl mit 2 Tropfen Bitterorange. Tauchen Sie Zeige- und Mittelfinger in die Mischung, schließen Sie die Augen und massieren Sie mit kleinen kreisenden Bewegungen Ihre gesamte Stirn ein, bis das Öl gut eingezogen ist. Vorsicht: Das Öl darf nicht mit den Augen in Berührung kommen – waschen Sie sich daher nach der Massage die Hände.

Rezept für die Badewanne

Auch in der Badewanne können Sie Ihr dominantes Chakra harmonisieren. Wichtig ist, dass Sie dabei jene ätherischen Öle verwenden, die zu Ihrem Chakra-Typ passen. Mischen Sie die ätherischen Öle kurz vor dem Baden mit einer Tasse Sahne (100–200 ml) und 2 bis 3 EL Honig – so werden die Wirkstoffe der Aromaöle gleichmäßig im Wasser verteilt. Geben Sie die Mischung mit Sahne und Honig erst direkt vor dem Baden ins heiße Wasser. Die Wassertemperatur sollte nicht über 40 Grad betragen. Es genügt, einmal oder höchstens zweimal in der Woche zu baden.

- Um Ihr Stirnchakra zu harmonisieren, empfiehlt sich folgende Mischung: 3 Tropfen Bitterorange und 4 Tropfen Muskatellersalbei

Chakra-Balance-Programm für die Weise

Durch die Anwendungen im unten beschriebenen Programm lassen sich die Energien im 7. Chakra sehr gut ausbalancieren. Das Programm ist für Sie sehr empfehlenswert, wenn Sie zum Chakra-Typ »die Weise« gehören. Versuchen Sie, die Anwendungen und Tipps mindestens einen Monat lang zu beherzigen. Anschließend können Sie damit beginnen, Ihre Erfahrungen auszuwerten, und falls nötig das eine oder andere verändern.

Entspannung und Psychologie

Allgemeine Tipps für die Weise

- Sowohl die Farbe Violett als auch Gold harmonisieren das 7. Chakra. Benutzen Sie helle violette Tischdecken, Überwurfdecken oder auch entsprechende Kleidungsstücke. Kleine Farbakzente genügen. Ebenso können Sie Gold einsetzen – etwa durch kleine goldene Statuen, Bilderrahmen oder Schmuckstücke.
- Beschäftigen Sie sich mit spirituellen Themen wie alterna-

tiven Heilkünsten, Religionen, Schamanismus, Tarot oder Astrologie. Lesen Sie interessante Bücher über religiöse oder philosophische Themen.
- Nehmen Sie das Leben so, wie es ist, vollkommen an. Entwickeln Sie die nötige Flexibilität, um problematische Situationen mit Gelassenheit zu meistern. Konzentrieren Sie Ihr Bewusstsein ganz auf das Hier und Jetzt.
- Leben Sie nicht nur Ihren spirituellen Pol, sondern auch Ihren »weltlichen« Pol aus. Feiern Sie, tanzen Sie und genießen Sie das Leben, wann immer sich die Gelegenheit bietet.

Die richtige Bachblüte

Die folgenden Bachblüten eignen sich besonders gut, um Ihren Chakra-Typ zu harmonisieren. Wählen Sie aus der folgenden Aufzählung jedoch nur eine aus – und zwar diejenige, bei der die Beschreibung Sie am meisten anspricht (die Beschreibungen finden Sie ab Seite 156 im Kapitel »Die Bachblütentherapie«):
Cherry Plum, Clematis, Crab Apple, Honeysuckle, Mustard, Rock Rose, Rock Water, Star of Bethlehem, Sweet Chestnut, Vervain, White Chestnut, Wild Rose
- Anwendung: Nehmen Sie dreimal täglich vor den Mahlzeiten je 4 bis 5 Tropfen ein.

Heilende Düfte

Sorgen Sie für eine gute Atmosphäre in Ihren Wohn- oder Arbeitsräumen. Lassen Sie die folgenden Mischungen ätherischer Öle in der Duftlampe im Raum verdampfen – diese Mischungen harmonisieren Ihr dominantes Chakra, und es genügt, die Düfte ein- bis zweimal täglich auf sich wirken zu lassen.
Hier die besten Mischungen für den Chakra-Typ »die Weise«:
- 4 Tropfen Weihrauch und 1 Tropfen Cajeput
- 3 Tropfen Cajeput und 3 Tropfen Geranie
- 3 Tropfen Grapefruit und 3 Tropfen Weihrauch

Entspannung und »Fantasiereise«

Legen Sie sich in bequemer Kleidung auf den Rücken und decken Sie sich falls nötig zu, damit Ihnen nicht kalt wird. Schließen Sie die Augen, atmen Sie tief durch und entspannen Sie sich. Fühlen Sie, wie Ihre Füße, Ihre Beine, Ihr Rücken, Ihre Arme und schließlich Ihr Kopf ganz warm und schwer werden und sich dann Ihre Gesichtszüge ebenfalls ganz entspannen.

Lassen Sie vor Ihrem inneren Auge das Bild eines Berges entstehen, der hoch über das Land emporragt. Sie folgen einem Weg, der bis zu seinem Gipfel hinaufführt, und befinden sich schon in großer Höhe. Der Weg führt zwischen großen Felsblöcken und Kiefern hindurch, die die Luft mit ihrem Aroma erfüllen. Sie steigen über einen Felsen hinweg und sehen, dass sich nun eine sanft ansteigende Almwiese vor Ihnen ausbreitet. Während Sie über die Wiese gehen, spüren Sie die Sonne auf Ihrer Haut, und Sie riechen den Duft unzähliger bunt blühender Kräuter, die das Grün zu Ihren Füßen sprenkeln. Jetzt ist es nur noch ein kurzes Stück Weg hinauf zum Gipfel, das Sie im Nu hinter sich bringen. Oben angekommen setzen Sie sich zwischen die duftenden Kräuter und lassen den Blick über das Tal schweifen, das sich weit unter Ihnen erstreckt. Die absolute Ruhe und Stille auf dem Gipfel erfüllt Sie mit tiefem Frieden.

Beenden Sie die Fantasiereise, indem Sie dieses Bild langsam verlassen und wieder zurück in Ihren Körper kommen. Spüren Sie noch einmal all Ihre Muskeln und atmen Sie einige Male tief durch, bevor Sie die Augen öffnen und wieder ganz ins Hier und Jetzt zurückkehren.

Meditation

Setzen Sie sich im Schneidersitz auf den Boden und achten Sie darauf, dass Sie gerade sitzen und Ihre Wirbelsäule frei aufgerichtet ist. Mit einem flachen Kissen unter dem Po fällt es oft leichter, entspannt aufrecht zu sitzen. Notfalls können Sie auch auf einem Stuhl sitzen – Sie sollten sich dann

aber auf keinen Fall anlehnen, sondern den Rücken gerade aufrichten. Legen Sie Ihre Hände auf Ihre Oberschenkel oder Knie, schließen Sie die Augen und entspannen Sie Ihre Schultern, den Nacken und die Gesichtsmuskeln.
Lassen Sie Ihre Gedanken zur Ruhe kommen und atmen Sie einige Male tief durch, bis Ihr Atem frei fließt. Denken Sie dann innerlich im Rhythmus Ihrer Atemzüge den Satz: »ICH BIN – FRIEDEN«. Atmen Sie dabei langsam und ganz entspannt. Bei jedem Einatmen denken Sie: »ICH BIN« und bei jedem Ausatmen: »FRIEDEN«. Wiederholen Sie den Satz auf diese Weise ein paar Minuten lang, bis Sie ihn nicht mehr nur denken, sondern auch den Frieden in den Gedanken und Gefühlen spüren können. Dann beenden Sie die Meditation, indem Sie tief durchatmen, die Augen öffnen und sich noch einige Minuten der Ruhe gönnen.

Gesundheit und Wohlbefinden

Huflattichtee: Zur Harmonisierung des 7. Chakras nehmen Sie am besten täglich zwei Tassen davon zu sich, die Sie mit etwas Honig süßen können. Um Huflattichtee zuzubereiten, gießen Sie 2 TL Huflattich pro Tasse mit kochendem Wasser auf. Lassen Sie ihn 10 Minuten lang zugedeckt ziehen, dann abseihen.

Heilende Edelsteine

Wählen Sie aus den hier aufgezählten Heilsteinen denjenigen aus, der am besten zu Ihnen passt – entweder intuitiv oder indem Sie die Beschreibungen ab Seite 125 »Heilende Edelsteine« durchlesen.
Setzen Sie sich bequem hin und legen Sie den Stein Ihrer Wahl täglich für etwa 10 Minuten direkt auf Ihren Scheitel, den höchsten Punkt des Kopfes. Halten Sie ihn dort, indem Sie die Handflächen entspannt über den Stein legen. Tragen Sie den Heilstein außerdem im Alltag immer wieder bei

sich – am besten an einer Halskette. Hier die besten Steine zur Harmonisierung Ihres Scheitelchakras:
Amethyst, Blauer Saphir, Chrysopras, Feueropal, Goldtopas, Hyazinth, Onyx, Opal, Topas

Schönheit und Balance

Yogaübung
Die folgende Übung eignet sich besonders gut, um das Scheitelchakra zu harmonisieren. Führen Sie die Übung möglichst einmal täglich, jedoch nur mit nüchternem Magen durch. Tragen Sie bequeme Kleidung und achten Sie unbedingt auf Ihre Dehngrenze. Lassen Sie den Atem während der Übung tief und frei strömen.
Aus dem Kniestand stellen Sie den linken Fuß etwa einen Meter nach vorne und verlagern Ihr Gewicht auf den vorderen linken Fuß. Strecken Sie die Arme im großen Bogen nach vorne und dann nach oben – in der Endstellung berühren sich die Handflächen, die Finger zeigen zur Decke. Legen Sie den Kopf nicht in den Nacken – der Blick geht nur leicht nach oben. Gehen Sie nur so weit, bis Sie eine leichte Dehnung im Rücken und rechten Oberschenkel spüren. Atmen Sie zweimal durch, senken Sie die Arme dann und kommen Sie zurück in den Kniestand. Anschließend kurz entspannen und die Übung auch mit dem anderen Bein durchführen und zweimal im Wechsel wiederholen.
Vorsicht: Bei Bandscheiben- und Rückenbeschwerden sowie bei Knieproblemen sollten Sie auf die Übung verzichten!

»Halbmondstellung«

Massage

Mischen Sie 1 EL Jojobaöl mit 3 Tropfen Weihrauch. Mit dieser Ölmischung sollten Sie sich die Kopfhaut gründlich einmassieren, was sich am ehesten vor dem Duschen empfiehlt. Massieren Sie das Öl mit den Fingerspitzen ein und lassen Sie es mindestens 10 Minuten lang wirken, bevor Sie unter die Dusche gehen. Vermeiden Sie den Kontakt mit den Augen – schließen Sie die Augen, bis die Haare gründlich gewaschen sind.

Rezept für die Badewanne

Auch in der Badewanne können Sie Ihr dominantes Chakra harmonisieren. Wichtig ist, dass Sie dabei jene ätherischen Öle verwenden, die zu Ihrem Chakra-Typ passen. Mischen Sie die ätherischen Öle kurz vor dem Baden mit einer Tasse Sahne (100–200 ml) und 2 bis 3 EL Honig – so werden die Wirkstoffe der Aromaöle gleichmäßig im Wasser verteilt. Geben Sie die Mischung mit Sahne und Honig erst direkt vor dem Baden ins heiße Wasser. Die Wassertemperatur sollte nicht über 40 Grad betragen. Es genügt, einmal oder höchstens zweimal in der Woche zu baden.

- Um Ihr Scheitelchakra zu harmonisieren, empfiehlt sich folgende Mischung : 2 Tropfen Cajeput, 4 Tropfen Weihrauch und 2 Tropfen Geranie

Literaturempfehlungen

Bach, Dr. Edward/Petersen, Jens-Erik R.: Heile dich selbst mit den Bachblüten. Knaur, München 2000

Dürckheim, Karlfried von: Hara – Die Erdmitte des Menschen. Scherz, München 1983

Govinda, Kalashatra: Atlas der Chakras. Ludwig, München 1999

Govinda, Kalashatra: Tantra – Geheimnisse östlicher Liebeskunst. Ludwig, München 2000

Govinda, Kalashatra: Chakra Praxisbuch. Ludwig, München 2002

Leadbeater, C.W.: Die Chakras. Bauer, Freiburg 1986

Lübeck, Walter: Das Aura-Heilbuch. Windpferd, Aitrang 1997

Röcker, Anna Elisabeth: Übungseinheiten Yoga. Südwest, München 1998

Schwarz A./Schweppe R.: Heilende Edelsteine. Gräfe & Unzer, München 1999

Seitz, Anand Kaur: Kundalini-Yoga. Rowohlt, Hamburg 1999

Simpson, Liz: Chakra Healing. Gaia Books, London 1999

Sivananda Yoga Zentrum: Yoga für alle Lebensstufen. Gräfe & Unzer, München 1985

Trökes, Anna: Das große Yogabuch. Gräfe & Unzer, München 2000